Cartas

A

BRUNO

ROGELIO GUEDEA

Cartas a BRUNO

GRUPO
NELSON

GRUPO NELSON
Una división de Thomas Nelson Publishers
Desde 1798

© 2023, Grupo Nelson
Publicado en Nashville, Tennessee, Estados Unidos de América
Grupo Nelson es una marca registrada
de HarperCollins Christian Publishing, Inc.

D. R. © HarperCollins México, 2023.
© Rogelio Guedea, 2023.

Cuidado de la edición: Pablo Martínez Lozada.
Diseño de forros: Cáskara Editorial / Ale Ruiz Esparza.
Formación de interiores:
Mutare, Procesos Editoriales y de Comunicación, S. A. de C. V.

ISBN Rústica: 978-1-4002-4736-3

Primera edición: septiembre de 2023.

Contenido

*La juventud anuncia al hombre
como la mañana al día.*

John Milton

Prólogo

Pronto viajarás a Nueva Zelanda para empezar tu carrera profesional. Decidiste estudiar música. Poco a poco, y sin advertirlo, la guitarra se convirtió en tu pasión. Quién iba a imaginar que aquella foto que nos tomamos juntos, en donde aparecemos con las frentes encontradas y cada cual con una guitarra contra el pecho (¡no tendrías más de dos años!), se convertiría en una profecía, eso que sólo está en la mente de Dios y que nosotros, ciegos cruzando una calle desconocida, ni siquiera alcanzamos a vislumbrar. Viendo de nuevo los videos que grabamos cuando eras niño (haberlos recuperado me ha traído una alegría inusitada) me doy cuenta de que nunca perdiste la ocasión de estar entre instrumentos musicales: la batería que tocaste acaloradamente, una pequeña marimba de patas de madera, unas maracas y, por supuesto, varias guitarras. Siempre mostraste talento para la música: todavía recuerdo con qué facilidad lograbas sacar melodías de aquel viejo piano que teníamos en nuestra casa del 16 de la Caldwell Street, en Dunedin. Escuchabas, por ejemplo, un bolero o una norteña o lo que fuera, y luego te sentabas y lograbas dar con los acordes precisos. Yo pensaba que aquella habilidad era natural y común a cualquiera, pero ahora admito que no es así: ya desde entonces mostrabas un talento que me habría gustado alimentar con mayor rigor. Es verdad que ibas a clases de guitarra en las sesiones sabatinas de la George Street, pero para mí no fueron sino actividades de esparcimiento, una forma de que te ocuparas, como solemos decir los padres a los hijos, en algo productivo.

Jamás imaginé que todo eso era parte de tu destino y que yo, padre y tutor, no era más que el instrumento que Dios utilizaba para encaminarte a él. No tienes conciencia ni memoria de esto, pero cuando acababas de nacer le regalaron a tu madre un paquete de CD de música clásica (todavía los conservo en mi biblioteca hasta que me los pidas, para conservarlos como el más remoto vestigio de tu vocación por la música). Ella te los hacía escuchar mientras dormías, segura de que con eso traería paz a tu alma y te sobresaltarías menos durante el sueño. No sé cuántas veces escuchaste esas piezas de Bach, Schubert, Mozart y Beethoven, pero estoy seguro de que ese influjo musical penetró en lo más profundo de ti hasta crear en tu corazón un sedimento que se impondría en tu vida de manera irrenunciable. Por una razón u otra, estuviste siempre cercano a la música. Es verdad que gran parte de esto puedes debérmelo a mí (que toco la guitarra y tuve la dicha de enseñarte los primeros acordes), pero, como ya te lo he dicho, cuando lo pienso seriamente caigo en la cuenta de que incluso Dios me hizo aprender guitarra sólo para que tú, el realmente virtuoso, llegaras a ella. Como no hay forma de saberlo a ciencia cierta, voy a creer que así es, porque cuando uno cree en algo con determinación lo imposible renuncia a su propia voluntad.

Lo que quiero decir es que, cuando te observo practicar guitarra, no me cabe duda de que naciste para ella y ella lo hizo para ti, y no creo que haya cosa más maravillosa en el mundo que encontrar algo que uno no pueda dejar de hacer aun en contra de sí mismo.

Ahora me río de cómo, pese a que todo el tiempo tocabas la guitarra, estuvimos buscando una vocación para ti (como abogado o químico) cuando la teníamos en nuestras propias narices, ¿recuerdas? ¡Cómo no nos habíamos dado cuenta! Apenas lo resolviste, abandonaste la preparatoria general y te mudaste al bachillerato de música. Fue como haberle quitado el candado a la camisa de fuerza que te aprisionaba. Desde ese día te cambió el rostro y la mirada y a mí, francamente, se me apaciguaron las arterias. Supe de golpe que habías encontrado una tabla de salvación para el resto de tu vida y que no te ahogarías en el enorme mar de la ociosidad, mal de males.

Aunque ya poco o nada puedan hacer mis palabras en ti (acabas de cumplir dieciocho años y eres asombrosamente capaz incluso de corregir hasta mis propios yerros), quisiera, en las próximas cartas que aparecen en este libro, darte algunos consejos sobre asuntos graves para los cuales me gustaría te hicieras de armas para enfrentarlos y salir airoso de ellos. Nadie es infalible, salvo Dios, pero uno jamás debe dejarse morir en el intento. Como sé que hablo mucho (tú me lo reprochas a diario), voy a escribir poco. Intentaré ser conciso (sin llegar a ser tacaño) y lo más claro y directo posible, sin llegar a ser procaz. Mis palabras nacen del amor, y el profundo amor que te tengo es lo único que las sostiene. Consérvalas, porque es lo mejor que seguramente te habré dejado en esta vida.

PELIGRO 1
Las drogas

Hay algo que, de sólo pensarlo, me quita el sueño: las drogas. No me gustaría que fueras atrapado por ninguna de ellas, así te las presuman mansas e inofensivas. No hay tal ingenuidad en ellas.

De niño tuve una experiencia que me marcó para siempre. Sucedió una noche en el barrio con un grupo de amigos. Entornados en una esquina en la que nos encontrábamos con frecuencia para conversar (un lugar que llamábamos *El Triangulito*), y poco antes de partir cada cual a su casa, llegó un hombre en una motocicleta. Yo lo vi grande, pues llevaba bigote, pero ahora pienso que tal vez no lo fuera tanto, quizás apenas rozaba los veinte años. Le dijo a Quique que si lo acompañábamos, que tenía una casa cerca de donde estábamos y quería mostrarnos algo. No recuerdo con precisión cómo nos trasladamos a ese lugar, pero de pronto me vi sentado en un sillón medio destartalado, rodeado de pocos compañeros, porque otros habían renunciado a venir con nosotros.

El hombre nos hizo pasar a una habitación sin muebles, pero con una manta tendida en el medio, sobre la cual —lo recuerdo nítidamente— había apilada una yerba abundante y rojiverde. Era mariguana. No puedo olvidar la sensación que tuve al verla por primera vez en mi vida, aunque ya hubiera escuchado su nombre muchas veces entre murmullos. El hombre se hizo un churro grueso: puso sobre una telilla de papel blanco un mogote de yerba y lo enrolló con visible destreza. Abandonamos la habitación y el hombre empezó a fumarlo. Le daba unas jaladas grandes y retenía el humo dentro de sus pulmones, luego lo empezaba a soltar poco a poco, como una fuga de gas. Yo lo miraba con electrizante atención e impavidez, sobre todo cuando empecé a ver que se le adormilaban los ojos y le menguaban los movimientos de las extremidades, que movía como en un vaivén de ramas secas. En ese momento me extendió el cigarro y me pidió que le diera una chupada. Habría sido fácil decir simplemente que no ante una proposición tan temeraria, pero en un escenario en donde estábamos puros hombres que nos sentíamos valientes y soberanos, negar el privilegio de tal invitación no era una resolución sencilla. Estuve unos segundos con el churro frente a mis narices, escuchando que las voces de mis amigos me instigaban diciéndome: Ándale, *güey, éntrale.*

Dije que no. Mi renuncia fue súbita. Moví la cabeza y negué. Se hizo un silencio entre todos, me sentí realmente un gallina y se me pusieron las orejas calientes. Quique, que estaba a mi lado, estiró la mano y cogió el churro: *Presta pa' la orquesta,* dijo. Se lo colocó entre los labios y jaló fuerte, una y otra vez. A los pocos minutos, o quizá segundos, empezó a decir que sentía que el corazón se le iba a salir por la boca. Lo vi pálido, primero, y después tremebundo; los ojos le restallaban. *Échate agua,* le dijo el hombre. *Ahí,* y le señaló una pileta. Quique fue y metió la cabeza en el agua enlodada. La sacó una vez y la sacudió, luego volvió a meterla. Aunque se reía como para demostrar que dominaba la situación, noté en su mirada aprehensión y miedo. Al cabo de unos minutos recuperó la entereza y volvió a ocupar el lugar que tenía antes, pero para mí ya nada fue igual. La idea de que podía haberse muerto por una falla al corazón en cualquier momento se me había metido en lo más profundo de mi cuerpo y jamás desaparecería. Eso me dejó inmune a las drogas y, por fortuna, pese a que yo no tuve una guía familiar hecha para la adversidad, dejaron de ser una opción para mi vida, así estuviera padeciendo cualquier condición, sobre todo porque conforme pasaba el tiempo me iban llegando historias trágicas de aquellos que había caído en ellas.

No hubo una sola historia (y no la he encontrado al día de hoy) en la cual la vida del usuario de estas sustancias haya terminado venturosamente. Tú mismo ahora lo has constatado en testimonios que has encontrado en las redes sociales. Para mí es una pesadilla pensar que te dejes burlar por ellas. Así te sientas el hombre más solo y desdichado del mundo, no lo hagas. Recuerda aquellas imágenes que te mostré de niño en la pantalla de mi computadora (donde aparecían el antes y el después de muchos adictos), y cuando te enfrentes a una situación parecida a la mía, sólo encógete de hombros y rechaza con la cabeza el ofrecimiento. No quieras vivir una realidad que no te pertenece, tan ilusoria como un fuego de artificio. Como lo dijo Jon Kabat-Zinn: "Todos los sufrimientos, estrés y adicciones vienen de no darnos cuenta de que tú mismo eres lo que estás buscando". Busca mejor lo verdadero, y atesóralo, por poco que sea. Aspirar a más sin merecerlo convierte a cualquiera en desdichado. Y no lo olvides: las drogas tienen una sola puerta y da a un abismo.

El cigarro

Debo reconocer que es difícil enseñar sin el ejemplo. Yo fumé por más de quince años y me arrepiento sentidamente. Valga este profundo arrepentimiento como un prolegómeno que me dará la autoridad moral para pedirte que lo evites.

El primer cigarro que tuve entre los dedos se remonta a mis tiempos preparatorianos, en el primer o segundo año. Los cigarros entonces, como ahora, volaban de una mano a otra, y eran, junto con el alcohol, complementos inevitables de las fiestas. Si bien el alcohol nos desinhibía y nos volvía más osados, el cigarro era una forma de reafirmar que éramos más hombres de lo que creíamos, sobre todo porque al ser menores de edad eso nos daba un aire de magnanimidad que nos situaba en aquella próxima frontera a la que ansiábamos llegar: la edad adulta, con todo lo que nos imponía. El cigarro, además, en mi caso, fue algo cotidiano en casa. Mi padre fumaba y nunca reparó en que yo no lo hiciera. Me habría gustado que, como ahora lo hago yo contigo, él, al percibir en mis ropas el olor a tabaco quemado, más allá de reprenderme me hubiera aconsejado no seguir por esa ruta. Pero no lo hizo. No tengo en mi memoria ningún rastro de reconvención por parte suya porque yo fumara o acaso alguna alusión a que no lo hiciera.

Sin embargo el cigarro, cuyo humo agrio antes me costaba engullir, se reafirmó todavía más en mi vida cuando empecé a escribir. Todos los escritores que admiraba fumaban y, como sabes, hacían del cigarro una parte fundamental de su proceso creativo. Cigarro y creación se convirtieron para mí en un binomio irrompible. De hecho, llegué a convencerme de que no iba a poder escribir nada que valiera la pena si no lo hacía mientras fumaba. Esta ingenua certeza le vino a dar al traste a todo, y no hizo sino recrudecer mis malas andanzas. Hoy, después de más de quince años sin fumar, me doy cuenta de que el placer del acto estaba relacionado con una sucesión de falsas creencias asociadas más al cigarro como objeto que al placer mismo producido por el humo que uno introduce en su cuerpo, y que en realidad no tiene nada de deleitable.

Por fortuna, fueron los vientos fríos de Nueva Zelanda y la imposibilidad de fumar dentro de la casa que rentábamos (lo que me obligaba a salir a afrontar esos ventarrones helados) lo que me hizo renunciar al cigarro, además de que ya empezaba a tener algunos problemas de salud derivados del maldito hábito. Los primeros días sin fumar fueron terribles, sobre todo porque había leído en Octavio Paz, quien también en un momento de su vida dejó de fumar, que después de dejar el vicio no pudo escribir nada en seis meses. A mí, por mera sugestión, me empezó a suceder lo mismo. Estaba muy acostumbrado a pensar fumando, esto es, a fumar mientras hacía las pausas necesarias de escritura y preparación de la frase siguiente. Esa costumbre de coger el cigarro y fumarlo, con la cual ya tenía más de quince años, no era algo a lo que pudiera darle la espalda en tres días. Me costó no morir en el intento, pero no me arrepiento ni una sola tarde de haberlo conseguido. Con el tiempo pude escribir sin problema e incluso hasta mejor de lo que creía, y ahora me parece ridículo pensar que no hubiera podido hacerlo sin fumar. Considero que, como todo en la vida, a los malos hábitos hay que tenerles la puerta siempre cerrada, y ni siquiera intentar meter un pie por entre sus resquicios, porque, como lo dijo Rampoldi, "tienen tal fuerza que de un hombre libre crean un esclavo".

En el mundo mueren más de ocho millones de personas cada año a causa del tabaco. Me parece ridículo —como seguramente a ti también— que uno sea el concesionario de su propia desgracia. Es un emplazamiento contrario a la naturaleza, pues todas las células de nuestro cuerpo —lo leí en algún libro científico no hace mucho— tienen como único fin mantenernos vivos y en pie, a costa de lo que sea.

Todo esto que escribo es sólo para pedirte que no fumes, hijo. Además, por si esto no fuera poco, sería maravilloso que ganáramos una batalla generacional: tu abuelo paterno fumó hasta el último de sus días, tu padre poco menos de la mitad de su vida, y tú podrías no hacerlo ni un día ni poco menos de la mitad de tu vida.

El alcohol

Con el alcohol has tenido un par de malas experiencias y espero que eso haya sido suficiente (una especie de encriptada exhortación) para que sepas de una buena vez que no es el puerto en el que debas desembarcar, de entre todos los puertos que se te presentarán en la vida.

La primera vez que, contra mi prohibición, tomaste una cerveza, tu madre pronto lo advirtió en tu mirada y en esa inusual extroversión que mostraste durante el trayecto de regreso a casa. Ésas fueron pruebas contundentes para saber que habías violado el pacto que no hacía mucho habíamos firmado: no ingerirías alcohol hasta que no cumplieras la mayoría de edad. Y no era sólo un asunto de que el alcohol fuera malo por sí mismo, mucho menos por los estragos que ocasiona a los tiernos órganos en formación (tu hígado, tus riñones), sino porque a esa edad el juicio tampoco está bien formado y uno suele, por ello mismo, tomar decisiones equivocadas. Además, como el alcohol te ablanda las carnes, es fácil cometer —perdóname la expresión— estupideces. Como escribió Séneca, "la embriaguez inflama y descubre todos los vicios, destruyendo la vergüenza que se opone a las tentativas de maldad, pues son muchos los que se abstienen de pecar por vergüenza y no por buena voluntad". Por eso al día siguiente en la mañana hablamos contigo; te expresé, como bien recuerdas, que ya tendrías toda una vida para tomar (siempre que fuera con moderación), pero te pedí asimismo que por tu bien esperaras un poco, pues casi habíamos llegado a ese destino prometido. Asentiste con la cabeza y, como siempre, sin oponer resistencia. Hasta eso debo admitir que, al contrario de tu hermana, nunca has sido reticente a mis llamadas de atención. La plática cogió otro camino y concluimos en sana paz.

Sin embargo, pasadas algunas semanas o meses, estando tu mamá y yo en una cena con unos amigos, recibimos una llamada de la policía. Me sorprendió bastante la insistencia del desconocido, pero como tu hermana se había quedado sola en casa, imaginé lo peor. Contesté el auricular e inmediatamente después una voz de mujer al otro lado de la línea me llamó por mi nombre. Le contesté que era yo. Ella, entonces, procedió a informarme que estabas detenido. Te habían sorprendido ingiriendo alcohol en la vía pública y habían decidido llevarte a la cárcel preventiva para evitar correr cualquier riesgo, porque eras menor de edad. Además, me indicó la agente, te habías puesto violento y grosero con los oficiales de cargo. Si te soy sincero, esto último fue lo que más me decepcionó. Me incordió saber que el concepto que tenía de ti (un joven respetuoso y de buenas maneras) hubiera caído en la falsa idea que los padres nos forjamos de los hijos, sin saber realmente lo que son. Desde que naciste me juré no envilecerme con abstracciones sobre ti, actitud que siempre me molestó de otros padres hacia sus hijos. Como tampoco quería remilgarte atributos reales, en esencia lo que me impuse fue ni pecar de ingenuo ni tampoco de mezquino. Por otro lado, no me importó tanto que hubieras vuelto a tomar a nuestras espaldas cuanto que hubieras roto el pacto que formalmente habíamos hecho semanas o meses antes. Cumplir la palabra que uno promete a otro es un acto que nos puede definir como buenas o malas personas, seamos pobres o ricos, inteligentes o torpes.

Todos estos pensamientos se me fueron arremolinando en el pecho mientras tu mamá y yo nos dirigíamos a las oficinas de la Policía Preventiva. Yo sabía que no tenía que ser demasiado duro contigo, pues tampoco habías cometido un crimen de lesa humanidad, pero también creía que debía, con rigor, hacerte ver tu pifia. Estuve esperando afuera de la recepción por espacio de media hora. La agente me indicó que estaban terminando de tomarte la declaración y concluyendo algunas otras formalidades del proceso. Al poco tiempo apareciste al fondo del pasillo. Estabas completo, pero la expresión de tu rostro no podía ocultar la infamia. Di las gracias a la oficial por sus atenciones, incluso le agradecí que te hubieran puesto a ti y a tus amigos prudentemente tras las rejas, y partimos. Durante el trayecto al coche, mientras caminábamos por la acera, te pregunté: *¿y luego, Bruno? Sólo te pido que me digas la verdad*. Con la voz todavía trémula me explicaste que tú no estabas en realidad tomando y que quien se había puesto grosero y agresivo con los policías había sido otro de tus amigos. En realidad no olías a alcohol, y por la forma en que me explicaste cómo sucedieron los acontecimientos, no tuve más remedio que creerte, no sin antes decirte que, como lo advertía Séneca, era "mejor molestar con verdades que complacer con mentiras". Me aseguraste que tal como me narraste los hechos así habían sucedido y que lo único que lamentabas era que los policías los hubieran tratado tan mal. *Son un peligro aquí en México*, te contesté, *y a veces me dan más miedo que los delincuentes. Sí*, dijiste. Y luego agregaste: *en un momento pensé que nos golpearían. No lo dudaría*, repliqué.

Entramos en el coche y volvimos a casa. De más está decirte, pues, que el alcohol, combinado con la insensatez, no es más que una bomba de tiempo para las manos ingenuas, así que espero que esas dos ingratas experiencias te sirvan para mantenerlo a raya. Yo sé que será inevitable, no teniendo la vara paterna cerca, que una botella de cerveza o vino llegue a tus manos, pero siempre que la toques recuerda que la mano debe estar bajo la rienda del buen juicio, y no a la inversa, y que si entre ambos media la moderación, el resultado final será siempre tan dulce como una guayaba recién cortada.

La ansiedad

Cuando a un niño lo asustan o se asusta, lo primero que hace es correr en busca de su madre para refugiarse en ella. Si ella lo lleva en brazos, lo que hace es esconderse entre sus ropas. Es casi imposible que uno no se asuste alguna vez, es parte de la propia vida, pero lo que sí resulta notable es no encontrar el refugio de nuestra madre cuando la buscamos para protegernos. Esto último es el verdadero origen de la ansiedad: no el susto infligido por algo o alguien deliberada o azarosamente, sino el hecho de no encontrar ningún refugio en nadie.

Como sabes, mi madre tenía muchas cosas con que lidiar y yo lo llegué a resentir. No digo que no me amara, lo ha hecho siempre con todo su corazón, sólo que estaba tan ocupada en tantas cosas que ese ajetreo tendría una repercusión hostil en mi formación. Por ejemplo, mi madre solía ir los sábados al tianguis antes de que yo despertara en la mañana. En ocasiones me imagino que podía ir y venir antes de que yo me levantara, pero en otras esta ecuación no le resultaba y quien terminaba pagando las consecuencias era yo.

Al despertar y sorprenderme a mí mismo solo en medio de la casa vacía, me llegaba una angustia que todavía hoy me produce escalofrío. Bajaba de la cama e iba a la puerta de entrada, quería salir pero no podía: mi madre se aseguraba de dejar la puerta con doble llave, para evitar que me saliera a la calle y pasara algún accidente. Entonces trepaba por el sillón de la sala y me atenazaba a los barrotes de la ventana. Me recuerdo todavía en un mar de llanto, clamando por la ausente, hasta que una vecina piadosa (normalmente era alguna de las Chapula) venía a consolarme y a hacerme compañía en tanto mi madre volvía. No sé en realidad cuántas veces ocurrió esto, quizá en realidad sólo fue una sola vez o dos, y estoy seguro que sucedió más bien por un mero descuido, pero fue suficiente para que aquello dejara una marca imperecedera en mí. También he pensado que si no hubiera sido un niño hipersensible, esta situación no habría tenido las repercusiones que ahora les estoy dando.

En cualquier caso, estoy seguro que éste es el origen de mi ansiedad y de toda ansiedad humana: la falta de un refugio que nos blinde de ese miedo sideral con el que nos embadurnan las plantas de los pies al nacer. El famoso psiquiatra Wilhelm Reich lo ha resumido en esta sola frase: "El amor es la ausencia de ansiedad".

No quiero postergar decirte que, aparte de esta ansiedad inducida, creada por un factor del entorno, también existe la ansiedad congénita, ésa que viene en el mismo paquete en que se cuecen tus propias entrañas, como es tu caso, y, en cierto sentido, el mío también. Esa ansiedad es más domeñable, siempre que no la insultes y te confíes ante ella. Hay que tenerla a raya en todo momento y procurar echarla fuera (con ejercicio, con descanso) cada que la ocasión lo amerite. Pero no te espantes: no te hará perder el juicio, aunque en ocasiones así lo parezca. Ten presente esto, sin embargo: cuando la sientas, no dudes en acudir a quienes te aman de verdad; en ellos encontrarás la paz que te volverá a regresar al mismo sitio de donde viniste. Porque si hay algo contra lo que no puede la ansiedad, es el amor. El amor son los brazos de una madre, es el regazo de todas las madres del mundo y la fuente de tu propia tranquilidad.

Rabindranath Tagore escribió algo que podría resumir esto que acabo de decirte: "Te he visto como el niño medio despierto ve a su madre en la palidez del amanecer y luego sonríe y se vuelve a dormir". Ten la certeza de que cuando algo te sobresalte en la vida, hijo, despertarás en la palidez del amanecer y ahí estaré yo (o tu madre) para que nada te inquiete. Estoy seguro de que sonreirás y, sabedor de que no hay nada de que preocuparse, volverás a conciliar el sueño.

PELIGRO 5
La depresión

Si la ansiedad es el miedo a que te pase algo terrible de un momento a otro, la depresión es el miedo a no alcanzar algo que ansías, algo que, generalmente, sabes que está más allá de tus propias fuerzas. La depresión es la clausura que tú mismo haces, la mayoría de las veces sin razón, de todos tus caminos, por no amar con plenitud lo que tienes en tus manos: tu presente. Es hacer lo que amas esperando siempre una recompensa, en lugar de hacerlo por el simple hecho de amarlo.

La depresión es lo contrario a la esperanza (eso que le da sentido a tu vida para seguir adelante pese a cualquier calamidad), por eso te paraliza y te confina en un cuarto oscuro, por fuera y en tu interior. La depresión es la oscuridad de ese cuarto, y la esperanza es el sol que está allá afuera, del otro lado de tu puerta, esperándote. Para acabar con la depresión tienes, por tanto, que cruzar el umbral de esa puerta.

¿Cómo cruzar el umbral? Te daré un ejemplo: cuando yo me iniciaba como escritor, leí a muchos autores famosos y soñé con ser como ellos. Algunos de sus nombres ya los conoces: Julio Cortázar, Guillermo Cabrera Infante, Mario Vargas Llosa, Gabriel García Márquez. Eran los modelos de quien yo quería ser, y la imagen que me había formado de cada uno de ellos me suponía a seres casi angelicales que se la pasaban viajando y dando autógrafos. Si bien no era algo que distaba mucho de la realidad, mi admiración por ellos y por la vida que llevaban había ciertamente abultado este ideal, lo que me había ocasionado una tremenda presión interior, esa misma que, si uno no tiene cuidado, se transforma en depresión. No fue lo suficientemente grande en aquellos años mozos, pues yo constataba que el camino por recorrer era todavía largo y la oportunidad de conseguirlo no era imposible; lo único que me quedaba por hacer era empeñarme, manteniendo la ilusión de llegar a ser como ellos. Esta ilusión me evitaba sentirme derrotado y me ayudaba a sostener, incólume y ardiente, el sueño de ser como esos escritores que admiraba.

Conforme fueron pasando los años, me obsesioné con la fama y el reconocimiento, pues pensaba que de otra forma no llegaría a mi objetivo. Si bien nunca he dejado de escribir con entusiasmo y pasión, lo cierto es que entoncs lo hacía con una ambición desmedida y con la cabeza puesta en convertirme en aquellos próceres. Esto me llevó al punto de proponerme publicar en editoriales importantes (como lo hice, gracias a Dios) y ganar premios y demás reconocimientos (como también tuve la fortuna de lograr algunas veces, gracias a Dios). Estaba convencido de que esto me llevaría a buscar después una silla de honor en la República de las Letras de mi país, para de ahí saltar, obviamente, a la República de las Letras del Mundo, y de ahí a la República de las Letras de la Galaxia, en un deseo inconmensurable e insaciable que, te lo digo yo, nunca termina, a menos que tú mismo lo desconectes de la toma de corriente.

En ocasiones veía a qué edad había publicado alguno de esos autores admirados su novela más galardonada, y si reparaba en que ya había cruzado yo ese umbral, me frustraba. Lo mismo me sucedía con sus premios, sus reconocimientos, su ascendencia entre los lectores y las generaciones futuras y pasadas. Conforme pasé de ser un escritor joven a un escritor promesa, y de ahí a un escritor a secas, la presión interna que sentía empezó a corroer mis entrañas. Mis expectativas eran cada vez mayores, y la realidad que amasaba en mis manos no me satisfacía para nada, pese a que era poco reprochable lo que había conseguido: para entonces ya había publicado algunas novelas en editoriales comerciales reconocidas y ganado algunos premios que pudieron haber dejado a mi "loca ambición" plenamente satisfecha.

Pero, como te digo, yo quería más. Uno siempre quiere más. Si Gabriel García Márquez había publicado *Cien años de soledad* a los cuarenta años, con un éxito desorbitado, y a los cincuenta y cinco había obtenido el Premio Nobel de Literatura, yo, a mis escasos treinta y cinco, tenía que apurarme.

No sé exactamente en qué momento de mi vida ni exactamente a qué edad, pero creo que sería hace no más de una década, empecé a experimentar sentimientos contrariados en mi vida interior. Por un lado me llegaba una frustración terrible producida por la imposibilidad de alcanzar eso que añoraba (y que ahora me parece absurdo, porque lo que uno quiere conseguir siempre se alejará proporcionalmente en la distancia) y, por otro lado, tenía la certeza de que era una absoluta tontería empecinarme en algo que ni siquiera dependía de mí, como lo es la propia fama como escritor, o la fortuna de lo que fuera. Poco tiempo después, me di cuenta de que por buscar aquello que me quedaba siempre lejos no podía gozar los bienes que poseía en mis manos, y que por esa razón yo tenía días o semanas miserables en los que sólo rumiaba mi frustración. Fue tan paradójico que hubiera personas que me consideraban exitoso exactamente en el mismo momento en que yo me sentía un perfecto fracasado.

Hace no más de un lustro desactivé la bomba de tiempo que hacía tic-tac en mi interior, puse en manos de Dios el destino de mi obra y de mi vida, y me centré en este presente, este mismo en el que escribo ahora estas palabras con las que sólo quiero decirte que seas feliz con lo que tienes en tus manos ahora, y que si bien también es algo maravilloso y sensato hacer planes (ésa es la tarea intransferible de la esperanza), conviene que seas consciente de que el mundo, como tú mismo, es cambiante, y existe la posibilidad de que no cristalicen, sobre todo porque en no pocas ocasiones —te lo digo por propia experiencia— mudan para traer cosas mejores. Si piensas así, y estás abierto al porvenir, mantendrás siempre ardiente la esperanza y no te sentirás derrotado nunca por nada, porque cada derrota será para ti, incluso, una nueva oportunidad para empezar de nuevo.

PELIGRO 6
El sedentarismo

El cuerpo y la mente están conectados y han vivido siempre en una estrecha relación. La suya es una relación irrompible, inseparable. Por más que quieras separar el uno de la otra no podrás; entonces es sumamente importante que su convivencia sea buena.

Las mismas reglas de la sana convivencia que se aplica a las parejas de enamorados se podrían aplicar al cuerpo y a la mente. El divorcio de uno y de otra es la muerte, porque si el cuerpo está enfermo, la mente lo padece y se enferma también. Y si la mente enferma, el cuerpo igualmente se deteriora. Tienes que mantener un equilibrio entre el cuerpo y la mente, siempre. No por otra razón Juvenal, allá por el siglo II antes de Cristo, escribió: "*Mens sana in corpore sano*".

Mente sana en cuerpo sano. Ejercitar el cuerpo es tan importante, por tanto, como cultivar la mente, te lo digo yo que, aun padeciendo un severo trastorno de ansiedad, he encontrado en el ejercicio una fuente de verdaderos beneficios para mi salud mental. Como esto lo supe desde que era muy joven, cuando estuviste en condiciones de ejercitarte un poco te empecé a inculcar el hábito. Primero me conformaba con los juegos que llevabas a cabo

41

en el jardín de niños, donde corrías y lograbas agitarte, pero luego me preocupé por que trasladaras dicha disciplina a la práctica de algún deporte. Me sorprendió gratamente que mostraras habilidad para el tenis, el basquetbol, la natación, incluso las carreras de fondo. Yo, que sólo disfruto de correr (y en eso me parezco a Haruki Murakami), me empujé a entrar a un equipo de futsal (¿recuerdas, allá en Dunedin?) sólo para enseñarte con el ejemplo y que, a través de éste, te animaras también a jugar futbol. El experimento me dio resultado y te inscribí en la liga de futbol infantil de Otago, que se llevaba a cabo en pleno invierno, pues el verano le resulta insufrible a los neozelandeses.

Desde un principio mostraste habilidad y precisión para patear el balón, y pese a que eras cauto en las jugadas peligrosas, resolvías bien tus entregas a gol. El futbol te empezó a gustar cada vez más, a tal punto que te afanaste en entrar a la selección infantil de futbol de Otago. Todavía recuerdo cuando hice las indagaciones para ver cómo podía hacerte ingresar.

Un amigo brasileño, entrenador del equipo de futbol de la Universidad de Otago, me indicó el itinerario: el entrenador de tu equipo madre tenía que proponerte. Como yo veía que eras de los mejores jugadores de tu equipo, no dudé en hablar con el entrenador para pedirle que, de ser posible, te nominara. El entrenador lo hizo al término de la temporada, pues reconoció tu talento. Me dio mucha alegría.

Entonces me impuse un plan de entrenamiento riguroso que te permitiera ser seleccionado para el equipo infantil de Otago. Para ello, vi muchos videos sobre cómo entrenar a un futbolista y luego compré conos, soguillas, una portería, toda una pila de aditamentos para entrenarte. Lo hacíamos cada tarde, ¿recuerdas? Te hacía correr en zig-zag entre los conos, brincar, pasar pruebas de resistencia con las soguillas tirándote del abdomen, tirar una y otra vez el balón. Terminabas cansado, pero entusiasta.

El esfuerzo no sería en vano. Cuando vinieron las etapas de selección de los jugadores, nos presentamos a los campos de juego y, luego de varias prácticas en las que tuviste que demostrar tus habilidades, recibimos la esperada noticia: ¡habías sido seleccionado! Te vi muy feliz y así mismo me sentí yo.

Había conseguido un objetivo que, francamente, en ocasiones no tuve la certeza de alcanzar. Sin embargo, lo lograste y fue una experiencia inusitada para ti, pese a que en algún momento quisiste abandonarlo todo. Lo cierto es que, no conforme con lo anterior, pocos días antes de que iniciara el campeonato, ¡te nombraron capitán del equipo! Desde entonces supe que el deporte no te abandonaría y, cuando entraste en la escarpada adolescencia, si bien dejó de interesarte el futbol (tu perfeccionismo te impedía disfrutar el juego en libertad), le empezaste a tomar afición a ejercicios que te servían para desarrollar tus músculos, entre ellos el levantamiento de pesas.

A la fecha no he logrado que le tomes pasión a correr, y eso, francamente, me frustra, pues esa actividad ha sido para mí la forma más efectiva que he encontrado para conectar cuerpo y mente, y para librarme de la ansiedad. La ansiedad es la perrita faldera de las endorfinas. Apenas empiezo a dar los primeros pasos sobre la cinta asfáltica, me siento liberado de acicates y mi mente vuela, como una pluma empujada por el viento. Quizá por eso en ocasiones quisiera no parar, simplemente seguir corriendo y corriendo desde que sale la primera luz del alba hasta que el sol se pierde detrás de la colina, pero sé que eso es imposible, así que me resigno a hacerlo media hora al día, todos los días, así sea dentro de la propia casa o del cuarto de hotel.

Cuando sientas que tus ejercicios consuetudinarios no te calman el desasosiego, corre y lo verás. Media hora al día, en un parque o sobre una corredora eléctrica, lo mismo da, por lo menos cinco veces a la semana. Sólo no olvides nunca que no hay mente sana en un cuerpo enfermo, ni mucho menos a la inversa.

La mala alimentación

Tú sabes que he leído mucho sobre la buena y la mala alimentación, y sobre lo fundamental que es estar bien hidratado. Siempre he creído en la importancia de comer bien, pero desde hace varios años ese interés se me convirtió (casi) en una obsesión, sobre todo cuando me di cuenta de que la buena alimentación tenía un efecto muy positivo no sólo en nuestra salud corporal sino, sobre todo, en nuestra salud mental. Como sabes, ambos padecemos de ansiedad (ahora lo hacemos, a decir verdad, todos en el mundo).

De niño, por ejemplo, no podías dormir en otra cama que no fuera la tuya. En varias ocasiones lo intentaste y, al final, terminabas rindiéndote. Todavía recuerdo cuando fuiste a casa de Will y Caleb, tus amigos de Brockville. Te armaste de valor y aceptaste la invitación con júbilo. A tu mamá y a mí nos dio mucha alegría ver lo animoso que estabas por darle rienda suelta a esa aventura. Te preparamos una mochila con lo necesario (tu pijama, tu botella de agua y una grabación con la oración que cada noche te hacía tu mamá antes de dormir), y te despedimos en la puerta. No te fue difícil partir, lo que nos dio más alegría todavía. Cuando le dimos la espalda a la puerta, tu mamá me dijo: *Creo que lo ha conseguido*. Yo también, sinceramente, pensé que así había sido. *Era una cuestión de maduración*, me dije.

Hicimos la cena y luego de terminar regresamos a nuestra habitación. Estaba viendo las noticias o el box y, de pronto, sonó el teléfono. Eras tú. No podías dormir y pediste que fuéramos por ti. Lo hicimos sin oponer resistencia. Al principio no creí que esto tuviera nada que ver con mi padecimiento, pero algunos años después descubrí que hay un tipo de ansiedad relacionada con la separación. En inglés le llaman *separation anxiety disorder*. Con el tiempo pudiste dormir fuera de casa, pero igual te costaba cierto trabajo extraviar tus rutinas y hábitos de sueño. Me di cuenta de que tenías ansiedad, y no era para menos: las personas hipersensibles no pueden dejar de padecerla, y más si viven, como nosotros, en un mundo sobrepoblado de incertidumbres y en el que cada vez nos acostumbramos a ver más de cerca (y casi al alcance de la mano) la tragedia humana: hambrunas, guerras, pandemias, violencia, desigualdad, corrupción.

Muchas cosas grandes podemos hacer para mantener nuestra salud física y mental, y entre ellas está la de alimentarnos bien. Hace poco escuchaba a una investigadora de la Universidad de Canterbury, en Nueva Zelanda, llamada Julia Rucklidge, que aseguraba que si alimentáramos bien a todos los niños de esta generación podrían evitarse muchísimos problemas de salud mental en el futuro. Rucklidge demostró el impacto de la buena nutrición en la salud mental y lo poco que los tratamientos tradicionales (con ansiolíticos, antidepresivos y otros medios) han podido hacer por ella. Tú sabes que hoy más que nunca estoy convencido de este hecho, pues lo he comprobado en mí mismo. Pero no sólo hay que alimentarse bien, principalmente de carnes magras, frutas, verduras, legumbres y semillas (de girasol, de calabaza, nueces, almendras, chía o linaza) y alejarnos de toda ingesta perjudicial (los embutidos, el exceso de alcohol, el tabaco, las drogas, la comida procesada), sino que también debemos estar muy atentos porque, si padecemos algún trastorno mental (como la misma ansiedad), es probable que incluso una buena alimentación no sea suficiente para mantenernos a flote.

Hace poco, si recuerdas, tuve una afección que me obligó a consumir antibióticos. Pese a que me alimenté todavía mejor durante este periodo, los antibióticos me ocasionaron una intoxicación en mi sistema nervioso, lo que me produjo insomnio, ataques de pánico, pérdida del apetito, pérdida súbita de peso y un malestar general profundo. Luego de pedirle a Dios que me ayudara a encontrar la respuesta, pues ya no toleraba el desasosiego, Él me la concedió: encontré una página en donde se hablaba de cómo ese antibiótico (el metronidazol) causaba entre sus efectos adversos una terrible toxicidad en el sistema nervioso (en inglés lo definen como *metronidazole induced nervous system toxicity*) que sólo podía ser compensada ingiriendo vitaminas del complejo B, en especial la tiamina. Así que después de varias noches sin poder dormir, incluso echando mano de ansiolíticos, empecé a recuperar la calma y, con ella, el sueño, dándome cuenta en ese momento no sólo de lo perjudicial que pueden ser los antibióticos sino, sobre todo, de que nuestra salud mental puede tener como causa la deficiencia de alguna vitamina o mineral esencial para nuestro cuerpo.

Toma esto mucho en cuenta y si, pese a que te alimentes bien (con la comida esencial y sin aditivos) y hagas ejercicio, sigues sintiendo una zozobra que perturba tu diario vivir, entonces podrías recurrir a esas vitaminas y minerales que favorecen el buen funcionamiento del sistema nervioso. Yo los consumo, como sabes, todos los días (¡lo aprendí del famoso científico Stephen Hawking!) y me ha traído muchos beneficios, incluso para el sueño. Una buena alimentación, pues, acompañada de una buena hidratación (por lo menos dos litros de agua diarios, y un poco más si tienes una actividad física intensa), te mantendrán en óptimas condiciones para enfrentar con entusiasmo tu día a día, y para mantener en equilibrio tu salud mental, lo que es fundamental para tu bienestar general.

La deficiencia de vitaminas y minerales

En ocasiones no basta con ser optimista para sentirse pleno de salud física y mental. Tampoco es suficiente tener una buena alimentación (rica en verduras y frutas, carnes magras, semillas, legumbres), hidratarse óptimamente, hacer ejercicio o dormir las horas adecuadas para permanecer incólume ante la adversidad. A veces, como lo mencioné en mi carta anterior, es necesario ingerir algunas vitaminas y minerales suplementarios para estrechar las deficiencias que tengamos de ellos por razones tan básicas como el propio estrés, o porque tuviste la necesidad de tomar algún medicamento que causara estragos en tu organismo.

Tarde en la vida me di cuenta de que estos micronutrientes tenían un efecto realmente beneficioso. Recordarás cuando estuve bajo tratamiento con metronidazol por amibiasis. El medicamento me produjo una intoxicación que me mantenía con los ojos abiertos toda la noche, me ocasionaba ataques de pánico y pérdida súbita de peso, me traía con una angustia que incluso me impedía engullir comida. Me sentía temeroso y angustiado y no podía encontrar la paz en ningún resquicio de mi cuerpo y de mi mente. Mi doctor me recomendó que tomara ansiolíticos (Adepsique, lo recuerdo bien) y yo los tomé como la única alternativa que tenía a la mano.

No obtuve resultados verdaderos, sólo me adormilaban, pero en el fondo de la profunda noria que era mi cuerpo mi desazón permanecía intacta. Sospechaba que la ansiedad tenía otro origen y que ni siquiera podría decir que en ella se anunciara también la depresión, aunque la primera le abra a menudo la puerta a la segunda.

Una investigación que encontró tu mamá en internet refería que el metronidazol causaba, en ciertas personas, una intoxicación en el sistema nervioso, y que la forma de acabar con su insolente sintomatología era tomar vitamina B, en especial la tiamina. Compré el complejo B vitamínico y lo empecé a tomar inmediatamente. Esa misma noche pude dormir y a los pocos días noté un cambio sustantivo en todo mi ser. Poco a poco fueron desapareciendo los ataques de pánico, la angustia y el desasosiego, y conforme pasaban los días yo dormía mejor y comía a plenitud, por lo que empecé a ganar también peso. Mi estado de salud físico y mental, al cabo de escasas dos semanas, volvió a la normalidad; cuando pasó un mes yo ya funcionaba como si nada hubiera pasado.

A partir de entonces empecé a leer mucho sobre la importancia de la alimentación saludable, de sus beneficios en la salud mental y de cómo ciertos micronutrientes podían tener un impacto positivo mucho superior a los tratamientos farmacológicos. Para el sistema nervioso, por ejemplo, encontré que son muy benéficas las vitaminas del complejo B, pero también la vitamina C y minerales como el zinc y el magnesio, además del aceite de hígado de bacalao y los probióticos. Observé que tener una microbiota sana era un paso hacia delante para el bienestar psicológico, y si a esto uno le agregaba una alimentación rica en frutas y verduras, y alejada de la demasiada azúcar y la comida chatarra (en especial la procesada, como los embutidos), más ejercicio diario y sueño reparador, uno podía frenar cualquier adversidad.

De más está decirte que nada de esto vale la pena si tu vida espiritual y tu cercanía con Dios es más bien disfuncional, pues nunca encontrarás la paz verdadera si no pierdes la ocasión para hacer el mal. Como sé que vienen tiempos de adaptación a una nueva vida (estarás solo y tendrás que hacerte responsable de tus propios bártulos), no es improbable que el estrés pueda hacerle agua a tu embarcación. Pero no te apures: antes de decidirte por un ansiolítico (que hay que tomar con muchísimo cuidado y sólo en periodos muy cortos, pues sus efectos adversos son delicados) o por un antidepresivo, lo mejor es activar este plan de suplementos alternativo, con base quizás en un estudio de laboratorio previo en el que pueda determinarse si tienes alguna deficiencia específica en alguna vitamina o mineral. Nunca esperes, pues, que tu nave esté hundida para intentar sacarla del fondo del mar. Es cuando apenas empieza a fallar su línea de flotación el mejor momento para poner manos a la obra y repararla.

PELIGRO 9
El insomnio

Hace muchos años, durante el sabático que hicimos en Villa Hidalgo, cuando apenas tenías escasos diez años,
tuviste un incidente que te perturbó el sueño. Junto a dos de tus
primos, fuiste al único local de renta de videos que había en el
pueblo. Alquilaron dos o tres películas y como tus primos, por
alguna razón, no quisieron firmar la carta responsiva de retorno,
tú lo hiciste sin pensar en las consecuencias. Ellos se las llevaron y
al final creo que ni siquiera tuviste oportunidad de disfrutarlas con
ellos; los videos quedaron bajo su resguardo.

Semanas después, te empecé a notar intranquilo, desorientado,
lo que no era común en ti, hasta que una noche de plano ya no
pudiste dormir: te quedaste con los ojos abiertos, mirando nada
más el techo descascarado. Como yo suelo dormir un poco tarde
(me gusta leer o escribir cuando todos se han ido a la cama), te
pregunté si te pasaba algo. Te levantaste de la cama y viniste a la
nuestra. Cuando pude ver tu rostro a la luz del foco exterior que
entraba por la ventana lo vi descompuesto, estabas agitado del pecho y visiblemente nervioso. Te pregunté qué te pasaba y me dijiste
que no podías dormir; entonces te pregunté sobre la razón de tu
delirio. Luego de un ligero tanteo, nos confesaste aquello que te

perturbaba: te habías encontrado a la señora del video en la calle lateral del mercado y te había pedido las películas de forma un tanto ruda. Te sorprendió su requerimiento, dijiste, porque tú te quedaste con la idea de que tus primos ya las habían regresado, pero no fue así, de manera que para darle salida al asunto le prometiste que lo harías a la brevedad.

La situación se tornó dramática cuando tus primos te dijeron que habían perdido una de las películas. La respuesta te causó una preocupación tal que empezaste a pensar que en cualquier momento vendría la policía por ti, pues tú habías firmado la responsiva y eras quien tenía que dar la cara. El solo pensarte esposado y llevado a la cárcel por ese "crimen" que habías cometido, aunque no fueras culpable, te hizo desvariar y, de súbito, te quitó el sueño.

Aquella noche te expliqué que el asunto no era para tanto. En primer lugar, la policía no iba a venir por ti, pues no habías cometido ningún delito (no habías robado, no habías matado, ni habías cometido un fraude o abuso de confianza), había sido sólo un accidente ocasionado por un descuido. En segundo lugar si la película no aparecía yo pasaría a pagarla y con eso le daríamos fin al problema. Lo que sí te dije fue que había que tener cuidado de firmar en nombre de otros, pues no era tan fácil responder a acciones ajenas en la vida, pero más allá de eso no había nada más de qué preocuparse. Tu rostro volvió a la normalidad, tu acelerado corazón recuperó su ritmo, y a los pocos minutos estabas de vuelta en tu cama y durmiendo profundamente.

El sueño es de las cosas más importantes de nuestra vida, y de las más saludables para nuestro bienestar físico y mental. Dormir seis, siete u ocho horas diarias es algo que te debes imponer siempre como imperativo irrenunciable. Yo he tenido el infortunio de no poder dormir en la noche (también por preocupaciones), y debo decirte que es de las experiencias más horribles que pueda haber. Quedarte dos o tres noches sin dormir es conocer el infierno. En más de una ocasión he tenido que recurrir a ansiolíticos porque, la verdad, la imposibilidad del sueño es peor que masticar piedras.

Si no tienes razón para desvelarte, no lo hagas. Incluso imponte ir a la cama temprano, apagar tu celular, leer un libro y no tratar de resolver los problemas del día a esa hora, sino más bien detener tu pensamiento en algo agradable, un recuerdo o un plan futuro, y dejar que tu cuerpo, apoyado en tu mente, vaya dando de sí hasta que lo venza el sueño. Lo que te pasó de niño debe servirte para evitar cometer acciones que después te vayan a turbar la noche. En la medida de lo posible, evítalas. Habrá otras más que no dependerán de ti (como alguna enfermedad o el miedo a la muerte, o como las acciones ajenas que te afectan a ti, como las de tus propios hijos o familia, que seguramente tendrás), pero en esas que te impone el destino intenta ver su lado menos negativo.

Las crisis de ansiedad son hijas del derrotismo, es normal, pero si procuras envolver esa situación con todos los demás aspectos buenos de tu vida (hijos saludables, trabajo estable, alimentación óptima, ejercicio diario), aquella lápida se hará menos pesada. Además, piensa también que uno en tales situaciones piensa desproporcionadamente en las consecuencias, tal como lo hiciste con las películas: era un desaguisado tan nimio, tan pequeño, y sin embargo te habías imaginado esposado y hasta ingresado en la cárcel. Si recuerdas, lo resolvimos, como dicen, con la mano en la cintura.

Así que si te sientes una bolita debajo de la barbilla, en un costado del cuello, no necesariamente es un tumor canceroso, como algún día lo pensaste con perturbación, sino simplemente uno de los muchos ganglios que tenemos en esa región del cuerpo. No te será fácil lidiar con situaciones de angustia, pues éstas son el pan diario de nuestras vidas. Pero no olvides que siempre hay un derrotero a seguir, siempre Dios marca una salida venturosa para nosotros, y regularmente lo que veíamos como algo catastrófico resulta ser una experiencia que nos dejará grandes enseñanzas ulteriores y no pocos beneficios para nuestra propia vida. Te lo digo por experiencia. Así que atiende de aquí en adelante esta máxima de Sófocles: "El sueño es la única medicina efectiva".

PELIGRO 10
La falta de amor

No hay fuerza más poderosa que la del amor. Ninguna energía, de cualquier tipo, supera su energía. El amor es el bien, y si sabes esto pronto adquirirá completo sentido la frase "Dios es amor", pronunciada por el apóstol Juan en su hermoso evangelio. Juan es el más contundente e inobjetable de todos cuantos se han pronunciado sobre el amor, desde *El banquete*, de Platón (que te aconsejo leer), hasta *El arte de amar*, de Erich Fromm, una obrita que, podría decírtelo, casi me salvó la vida en los momentos más atribulados de mi adolescencia. Este libro, junto a *Autoliberación interior*, del jesuita Anthony de Mello, fue fundamental para no perderme en la maraña de mis confusiones. Ambos autores me hicieron recobrar la fe en mí mismo y me dieron esperanza, otra de las sucedáneas del amor.

Cualquier ámbito de este profundo sentimiento te llevará por buen camino. Nunca se equivoca el que ama de verdad, porque siendo el supremo bien del hombre y la viva representación de Dios, lo más grande que tenemos en la vida, no se puede esperar de él sino lo bueno.

No debemos confundir una decepción amorosa con amor; se trata de dos mundos distintos. Tarde comprendí, por ejemplo, que el temor de Dios (puro amor) no era otra cosa sino alejarse del mal y seguir la senda del bien. Los llamados siete pecados capitales son, por supuesto, lo contrario al amor y tienen su correspondiente adverso. Te serviría tenerlos siempre presentes: a la soberbia anteponer la humildad; a la avaricia, la generosidad; a la lujuria, la castidad; a la ira, la paciencia; a la gula, la templanza; a la envidia, la caridad, y a la pereza, la diligencia.

La humildad, la generosidad, la castidad, la paciencia, la templanza, la caridad y la diligencia son representaciones claras del temor de Dios. Son Dios mismo, y cuando actuamos según ellas lo hacemos en nombre del amor, consumamos un acto amoroso. Pliégate a eso y obtendrás un bien que es la verdadera felicidad de todo cuanto la vida puede ofrecerte: la paz interior.

Ama todo aquello que tengas y todo aquello que hagas: ama tu guitarra, ama a la mujer con la que decidas compartir tu vida, ama tu profesión, ama al vecino, ama a tus hijos, ama la naturaleza que te rodea, el aire que respiras, la comida que degustas, el sueño que te hace descansar, el paisaje que miras a través de tu ventana, tu trabajo. Ama cada una de las partes de tu cuerpo (porque es tuyo y es insustituible), pero por encima de todo ámate a ti mismo, porque haciéndolo, estando complacido con lo que eres y tienes, podrás amar más fácilmente a los demás.

En *El arte de amar*, Fromm consigna una cita del maestro Eckhart que comparto a menudo porque resume muy bien lo que te he dicho sobre el amor a ti mismo, indispensable para tu propia realización como ser humano y la de los demás: "Si te amas a ti mismo, amas a todos los demás como a ti mismo. Mientras ames a otra persona menos que a ti mismo, no lograrás realmente amarte; pero si amas a todos por igual, incluyéndote a ti, los amarás como una sola persona, y esa persona es a la vez Dios y el hombre. Así pues, es una persona grande y virtuosa la que, amándose a sí misma, ama igualmente a todos los demás".

Ama y no tengas miedo, porque el amor es lo contrario al miedo. Y no habiendo miedo, no hay angustia, esto es, no hay ansiedad.

No es un arte sencillo el de amar. Parece fácil aquella máxima de Cristo que todos repetimos en el catecismo: "Si te pegan en una mejilla, pon la otra", pero no es tan practicable como parece. Tendrás que ser más juicioso para no confundir venganza con justicia, ni verdadero amor con obcecación. En cualquier caso, ama lo más que puedas y cada que puedas y todo cuanto puedas. El amor es enemigo del miedo. El amor es fe, es esperanza, es salud. Conviértete al amor y Dios estará en ti en todo momento. Nunca olvides las palabras de Juan. El camino del amor es sin duda el camino más difícil, pero también el más venturoso. Toda la felicidad que necesitas la tienes, con él, en la palma de tu mano.

PELIGRO 11
El sexo

Estás en una edad en la que el sexo puede ser una enorme y maravillosa tierra ignota que puedes explorar sin descanso y a placer. El sexo, lo han dicho filósofos y poetas, es parte de nuestra propia naturaleza humana y, como tal, no debemos nunca demonizarlo. No es algo malo, grábatelo bien. Nunca lo ha sido ni lo será. Al contrario: como comer, beber, respirar o cualquier otra de nuestras funciones vitales, el sexo es algo que también debemos disfrutar y aprovechar para nuestro bienestar personal, nuestro goce espiritual, incluso para nuestro propio crecimiento humano. No es el amor, pero, en cierta manera, lo alimenta.

Sin embargo, y dadas las circunstancias actuales, es importante tomar serias precauciones cuando lo practiques, especialmente en eventos casuales. Hay algunas enfermedades de transmisión sexual que pueden ser letales o debilitantes y acabar con todo cuanto has escrito en tu agenda futura, como la clamidia, la sífilis y la gonorrea, las cuales tienen altos índices reportados en todo el mundo y, en especial, en Nueva Zelanda, tu próximo destino. No sé si lo sepas, pero se ha documentado que compositores como Franz Schubert (muerto a los 31 años), Robert Schumann (a los 46) o Hugo Wolf (a los 43) fallecieron por secuelas de la sífilis. Han denominado al padecimiento neurosífilis, el cual es causado por el *Treponema pallidum*. La neurosífilis puede presentarse a los diez o veinte años de contraer la enfermedad sexual, y aunque no todas las personas están predispuestas a ella, lo mejor es tomar las precauciones debidas.

De enfermedades asociadas a la sífilis murieron también varios escritores. Uno de ellos, siempre grande e insólito, fue el mismo Charles Baudelaire, poeta francés, quien la contrajo a los veinte años. Primero le produjo un trastorno del lenguaje (afasia) y luego una parálisis parcial que lo llevó a la muerte en 1867, cuando tenía 46 años. Se dice que también la sufrieron Nietzsche, Tolstói, Maupassant, lord Byron, Wilde y otros muchos autores célebres.

Para complicar todo esto, cuando apenas se encontraron las herramientas médicas para lidiar con estas enfermedades (la clamidia, la sífilis, la gonorrea), apareció otra que vino a trastocar la concepción de lo sexual en el mundo: el VIH-sida, que tuvo su primer reporte clínico oficial el 5 de junio de 1981. Es una enfermedad de transmisión sexual y sanguínea que ya debes conocer y para la cual no existe cura. Es a menudo letal, pese a que los medicamentos para combatirla (los llamados retrovirales) se han sofisticado mucho, y ahora muchos enfermos pueden vivir con ella como si se tratara de una enfermedad crónica más, comparable a la diabetes o la hipertensión. Pero claro: eso no evita que la tengan y que, peor aún, la puedan transmitir. Tenerla, pues, te cambia la vida para siempre, y siempre será mejor evitarla, como cualquier otra de las enfermedades de transmisión sexual.

Por supuesto, la mejor forma de protegerte y proteger a los demás es el buen uso del preservativo. No tengas supersticiones con ello. Aunque ésta es una plática para la cual te has mostrado siempre escurridizo (lo entiendo, no es fácil hablar de esto de frente a tu progenitor), cuando lo he tenido que hacer me has escuchado con ponderación y espero que hayas asumido mis advertencias. Si te lo insisto es porque la libido, al igual que el alcohol o las drogas, desinhibe, y pronto te hace sentir invulnerable y audaz, temerario incluso, y en un estado de éxtasis así es muy fácil perder la cabeza y dejar que el cuerpo haga lo que le venga en gana. Esto te puede llevar a errores de los cuales, a la mañana siguiente, te podrás arrepentir. Te lo aseguro: no vale la pena.

No hay, pues, que tentar nunca a la suerte. Jugar a la ruleta rusa me ha parecido una actividad de orates. Nuestra propia vida es lo más preciado que tenemos y, sin perder nunca de vista que todo es transitorio, no debemos ser nosotros mismos quienes la despreciemos. Cuando te encuentres en una situación de riesgo, lo mejor es poner pies en polvorosa e irte, sin pensarlo dos veces. O, por el contrario, protegerte, porque protegiéndote preservas la vida, le devuelves la dimensión cabal de lo que realmente vale.

PELIGRO 12
La mala mujer

No sería lo que soy sin tu mamá. Si bien es cierto que tengo ciertos talentos, ciertos atributos que me acompañaron al nacer, nada de eso sirve si no hay alguien cerca de ti que los ponga a trabajar en armonía, tal como hacen los equipos exitosos de las empresas o las instituciones de gobierno.

Una mujer puede elevar a las alturas más insospechadas tus capacidades y talentos, o, por el contrario, hundirte definitivamente en sus fosas clandestinas y convertirte en un guiñapo. Lo mismo aplica a la inversa: los hombres pueden hacer lo mejor o lo peor por las mujeres con las que comparten la vida.

En la sobremesa hemos hablado en más de una ocasión de los prototipos de pareja que representan un fracaso. Alguien podría decir que el hombre es el malo y otros acusarían que lo es la mujer, y ni uno ni otro tendría la razón, o la tendrían ambos, porque al final del día las parejas son una sola y misma cosa, y lo que haga cualquiera de los dos es una responsabilidad compartida.

Considerándolo así, es igual de probable que uno no haya elegido a la pareja indicada, como lo es que su contraparte tampoco lo haya conseguido. Lo cierto es que, como lo hemos conversado, la relación de pareja puede derivar en una convivencia tan infernal que se te puede hacer agua el estómago si cuentas con la mala suerte de estar presente en cualquiera de sus infatigables discusiones. En las malas relaciones de pareja uno no es el espejo del otro, como debería ser, sino su adversario, y no hay cosa más desastrosa para la vida de pareja que uno y otro sean corrientes contrariadas.

La mujer no solo dilapidó su vida personal: también quizá destruyó la de sus hijos, pues no tenía cabeza sino para estar arreglando las arengas con su pareja. Y él no sólo destruyó su vida, sino también la de sus hijos, pues apenas se dio un tiempo para hacerle caso a sus hijos, ocupado como estaba en solucionar los conflictos con su mujer. Ahora tengo la certeza de que parejas así pueden ser más felices separados que juntos; sin embargo, por miedo o por ignorancia nunca logran tomar la decisión de un camino distinto. Cada cual no sólo habría podido estar libre de todo yugo, también podría haberse desarrollado más como persona y en su carrera profesional, y a estas alturas nadie les estaría reprochando sus yerros.

Las relaciones de pareja no son unas vacaciones en una isla desierta, eso creo que lo tienes claro; pero si son más los días infernales que los paradisiacos, en definitiva no tienes que pensar dos veces antes de subir a un tren que te lleve a otro destino. La elección de la mujer indicada, la que piensas que te acompañará el resto de tu vida, es tan importante como la de tu vocación: cualquier error de cálculo puede ser fatal para tu desarrollo humano y tu felicidad por venir. Por eso es importante ser prudente y, en el momento más oportuno (que para eso existe lo que antes se conocía como noviazgo y ahora como lo que sea), valorar con inteligencia si esa mujer que hemos elegido es la indicada.

Paradójicamente, la respuesta a la razón te la dará el corazón, un sentimiento tan profundo como invariable que te dirá: *ésta es la mujer que me hace volar, que me cambia confianza por desasosiego, que sube conmigo a las alturas.* O, para decirlo mejor, evoco estas palabras que he oído citar más de una vez: "Tú no amas a alguien por su apariencia, ni por su ropa, ni por su lujoso automóvil, sino porque esa persona canta una canción que sólo tú puedes escuchar". Son criterios básicos que deberás poner sobre la mesa cuando llegue su momento, teniendo en cuenta que aun con todo esto uno puede equivocarse. No tengas miedo a equivocarte. El error, como el dolor, es nuestro mejor maestro, enseña con lágrimas. Basta recordar a la primera relación de noviazgo que tuviste para poder afirmar que de esto tú ya sabes algo.

Pondera, pues, los valores espirituales más que los materiales, y ya lo sabes: entre una mujer inteligente y una mujer millonaria, elige a la inteligente, pues con inteligencia podrás comprar una casa, pero con dinero no podrás comprar la inteligencia.

Al principio te dije que yo no sería lo que soy sin tu mamá. Creo que a estas alturas sobra abundar en ello.

PELIGRO 13
El camino del mal

Creas o no en Dios —eso es algo a lo que tú mismo te enfrentarás cuando la ocasión lo amerite—, la vida tiene reglas básicas de comportamiento que uno debe seguir. Violarlas o alterarlas puede ir en detrimento de nuestra propia paz interior, la cual es la verdadera felicidad. Si, por alguna razón, un buen día te levantas de malas y, por un arrebato injustificado, golpeas a tu compañero de asiento en la universidad o en la casa donde vives, seguramente a esa acción corresponderá una reacción en la misma medida e intensidad, de tal modo que es probable que recibas un golpe igual o más fuerte, en pleno rostro. Si, en cambio, te levantas de buen ánimo y, sin que te lo hubiera pedido nadie, haces de forma voluntaria el desayuno para ti y tu compañero, es muy probable que después él, en el momento que menos te lo esperes, te responda de la misma manera o incluso de una forma más laboriosa.

A mí me ha sucedido, por ejemplo, que cuando hago el bien —en ocasiones ni siquiera en la forma de algo material—, éste me regresa en mayor proporción, y muchas veces no de la persona a quien corté ese fruto, sino de otro destino muy distinto, como si todo lo que hacemos (bien o mal) estuviera conectado a una red que se sale del alcance de nuestras propias manos y terminara ligándose con el infinito. Es verdad que no siempre estamos en condiciones de hacer el bien, pero siempre debemos estar prestos para no hacer nunca el mal. Eso es algo que deberás aprender conforme pasen los años.

Hay gente muy necesitada que me he encontrado por la calle a la que no he podido ayudar porque en ese momento no he traído una sola moneda que no deba usar para mí, pero lo que definitivamente no he hecho es acercarme a ella para maldecirla o insultarla por su condición, lo que constituiría un pecado mayor. Así que si, por alguna razón, no puedes hacer el bien, te pido que no te levantes de la cama nunca para hacer el mal.

El temor de Dios consiste en eso: en elegir el camino del bien contra el del mal, escoger entre esas dos puertas que en nuestra vida se presentan como elecciones no intercambiables. Por eso, en la propia Biblia, libro que te recomiendo hagas parte de tu compañía, se dice que el temor de Dios es la verdadera sabiduría, pues Él lo reduce todo a caminar por la senda del bien.

La sabiduría no significa que seas docto en un saber o que aprendas de memoria una enciclopedia entera. No: la sabiduría es hacer el bien. Sócrates, el gran filósofo griego, dijo que la sabiduría suprema era saber distinguir el bien del mal, y que a eso debía aspirar todo filósofo que se jactara: a ser sabio. Hay algo muy importante que anotar a este respecto: sólo la sabiduría te lleva a la felicidad. Esto es: sólo el camino del bien te procurará la dicha.

Yo te tengo por un muchacho bueno, hijo, pero nada me alegraría más que tenerte también por virtuoso. Eres prudente, respetuoso (jamás renegaste de mis reprimendas), de buenas maneras y recatado, estudioso y disciplinado, y ya eso te pone a medio camino de la felicidad, la mayor de las aspiraciones humanas.

Ten siempre presente en tu vida ser temeroso de Dios. Cuando alguien te convide al mal, aplaza su invitación para nunca jamás. Cuando te sientas tentado a la venganza o al odio, a la envidia o al escarnio, busca la forma de sofocar estos sentimientos con una larga caminata por la colina. Creo recordar que fue Aristóteles, en su *Ética a Nicómaco*, quien pedía que ante una situación que hubiera perturbado nuestras emociones lo mejor era, para no cometer una falta mayor, esperar dos o tres horas, airearse un poco y luego volver al asunto, pero no antes. Por propia experiencia te digo que yo he cometido no pocos errores por contravenir las normas de la prudencia, y lo he lamentado. Oponte a que te suceda lo mismo. Anda por el camino del bien, y cuando vayas a la cama no habrá una sola noche en que no duermas tranquilo.

PELIGRO 14
Ser malagradecido

Poco antes de que nacieras y unos meses antes de terminar mis estudios de doctorado, me vi en la necesidad de buscar un trabajo extra. Con el poco dinero que me daba mi beca no me alcanzaba para completar los gastos familiares, y no tuve más remedio que tocar no pocas puertas para pedir auxilio. Una de ellas fue la del periódico *Ecos de la Costa*, al que llegué dispuesto a ejercer cualquier función que me asignaran: repartidor del periódico, reportero, corrector de estilo, lo que fuera.

En aquel tiempo era director del diario el contador Ernesto Terríquez Sámano, un hombre culto que también había publicado libros de historia y se había ganado una reputación en el ámbito de la cultura local.

Conocí a don Ernesto en la Galería Universitaria, la librería de la Universidad de Colima, que él dirigía y a la que yo acudía de manera consuetudinaria para comprar libros. Como lo hacía por las tardes y a esa hora era él quien personalmente la despachaba, solíamos trabar conversaciones largas sobre libros y música, pues él era un gran amante de la música clásica. Gracias a esta familiaridad, me sentí en la confianza de tocar las puertas de *Ecos de la Costa* y agendar un encuentro con él.

Para sorpresa mía, su secretaria me indicó que el contador Terríquez estaba encantado de recibirme en ese mismo momento, por lo que me invitó a subir a su oficina, ubicada en el segundo piso del edificio. Debo reconocer que subí con el corazón latiéndome a una velocidad inusitada. Sabía que no debía estar nervioso, pero no lo podía evitar. Ahora creo que me daba un poco de vergüenza presentarme en un estado miserable de necesidad de trabajo y eso afectaba mi orgullo, por menguado que lo tuviera. Cuando llegué a su oficina, la puerta estaba entreabierta, de modo que don Ernesto me pidió que entrara. Entré y me acerqué a su escritorio. Antes de sentarme, nos estrechamos la mano. Don Ernesto tomó asiento y me preguntó qué se me ofrecía.

Con toda la pena del mundo, le dije que necesitaba trabajo: *Estoy dispuesto a hacer lo que sea.* Si necesita un chofer distribuidor, o un reportero de la sección de policiacas o de espectáculos, o un corrector, cualquier cosa le agradecería. Don Ernesto me escuchó hablar hasta el final y luego me contó una historia que casi me hizo irme de espaldas. Cuando terminó su carrera de contador, allá en Guadalajara, se dio cuenta de un detalle importante: tenía que trabajar y no veía a su alrededor ninguna oferta posible. Luego de buscar frenéticamente un empleo por toda la ciudad, cayó en la cuenta de que la única posibilidad que tenía era regresar a Colima a probar suerte.

Al siguiente día de haber llegado, fue al despacho contable de mi abuelo Bulmaro, que entonces estaba muy en boga y gozaba de renombre. Don Ernesto me advirtió que mi abuelo Bulmaro lo hizo entrar en su despacho y lo escuchó atentamente. Le explicó que acababa de terminar la carrera hacía unos meses y no había podido encontrar trabajo, y esperaba en él que tuviera alguna posición en su despacho disponible, lo que fuera estaría bien.

Mi abuelo, luego de una pausa, le dio una respuesta afirmativa, vio algo en él que podía convertirse en un valor agregado para su negocio y lo contrató. Don Ernesto quedó sumamente agradecido con mi abuelo, toda la vida. Así que, más de cuarenta años después de los hechos, ante mis ojos impávidos, me dijo: *Creo que éste es el momento de agradecer aquella tabla de salvación que me lanzó tu abuelo en aquellos aciagos días.*

Don Ernesto hizo una breve pausa y luego agregó: *Necesitamos un jefe de redacción, y ésa es la labor que desempeñarás a partir de mañana para el periódico, ¿te parece?* No lo pensé dos veces y acepté la oferta, luego de sobreponerme de la enorme impresión causada por lo que acababa de escuchar. *Muy bien*, dijo, *aquí te espero mañana.*

Me levanté de la silla y volví a estrecharle la mano. Lo que ahora me importa compartir contigo no es que al siguiente día me convertí en el jefe de redacción de *Ecos de la Costa* sino que aquella tarde recibí una de las lecciones más maravillosas de mi vida, y que de ese momento a la fecha he tratado de seguir al pie de la letra, cada que puedo: ayudar a quien más lo necesita (para no romper ese maravilloso círculo virtuoso de la generosidad) y agradecer a quien fue generoso conmigo, cuando más lo necesité. No por otra razón Rumi, el gran poeta persa, dijo: "Usa la gratitud como una capa y ésta cubrirá cada rincón de tu vida".

No necesariamente tienes que devolver lo que has recibido en la misma proporción en que lo recibiste, porque a veces esto es imposible, pero basta con que aprendas a ser generoso, que es una forma de agradecer la cadena de bendiciones que has recibido de otros en la vida, para probar tu grandeza como ser humano. Así lo hizo conmigo don Ernesto Terríquez, a quien, por cierto, le estoy también muy agradecido de haberme arrojado aquella tabla de salvación sin la cual me hubiera podido ahogar en el fondo del mar.

PELIGRO 15
Las malas compañías

¿Por qué, habiendo allá afuera en el mundo tantos ejemplos de los peligros que pueden sucedernos, no los aprendemos para evitarlos? Si tuviera otra vez la oportunidad de elegir entre hacer lo que hice y no hacerlo, ahora no lo pensaría dos veces: lo evitaría.

Fui un niño y después un joven que pasé mucho tiempo en la calle. La calle era una extensión de mi casa y se convirtió en un refugio para mí, y las costumbres que encontraba afuera (buenas o malas, cómo distinguirlo) se convirtieron en mis directivas. Te sorprenderás si te digo que, si bien tuve malas influencias de parte de muchos amigos que me llevaron a realizar acciones moralmente reprochables, pero de las cuales me supe alejar a tiempo, también es cierto que yo mismo fui una mala compañía. Sin bien en el barrio clasemediero donde vivía me forjé a pulso una mala fama, fue desde aquel día que me robé el tapete de una de las casas de la calle Colón, mismo que después puse a la venta de casa en casa en el resto de la calles de la colonia, cuando mi fama se echó a dormir y ya no hubo forma de cambiarla, sino hasta hace algunos cuantos años en que la figura de escritor que adquirí y el cierto renombre que esto me trajo consiguió limpiarla un poco.

Esta mala fama se recrudeció cuando se me ocurrió robar, asistido de un puñado de amigos, la llanta de una revolvedora que estaba enclavada en un lote baldío. Yo me figuré que la podríamos vender en una de las llanteras de la misma calle Colón y sacar dinero para gastarlo en la tienda de abarrotes, pero todo mi plan se vino abajo cuando el dueño de la revolvedora, a quien le decían *la Rata* (porque en realidad su rostro era exactamente el de un roedor) nos sorprendió en el acto y nos fue a acusar con nuestros padres. Menos mal que no lo hizo con la policía. Mi padre no sólo me dio una buena tunda, sino que también tuvo que pagar los daños perpetrados. Se preguntaba por qué yo era lo que era sin darse cuenta de que quizá en él mismo estaba la respuesta. Incluso todavía recuerdo aquella mañana en que consideró llevarme a la correccional de menores y dejarme ahí encerrado para ver si me terminaba de echar a perder o me corregía.

Nadie de los que me conocieron antes podría creer que hoy estoy dándote consejos sobre lo bueno y lo malo, ¡si yo fui el claro ejemplo de todo lo que no se debe hacer! Ahora lo puedo decir con un dejo de sonrisa en la boca, pero no hace mucho todavía me dolía reconocer el rechazo que experimenté por parte de algunos amigos del barrio a quienes sus padres no los dejaban salir conmigo. Una vez, por ejemplo, fui a buscar a un amigo que vivía casi enfrente de la casa. Era un niño estudioso, reservado, bien resguardado por su madre. Asomé la cabeza por entre los barrotes del cancel y lo llamé a gritos. A los pocos minutos asomó él a su vez la cabeza por la ventana. Le pregunté si íbamos a jugar al Parquecito. Me dijo que no. ¿*Y eso?*, insistí. *Es que mi mamá me prohibió juntarme contigo*, dijo abruptamente, con lo que puso bocabajo mi ingenuidad. Aunque hice como si aquello que había salido de su boca no me hubiera perturbado, lo cierto es que al dar la media vuelta para marcharme sentí una dura opresión en el pecho. En el fondo de mí supe, desde entonces, que era considerado una mala compañía y, obviamente, caí en la cuenta de que las malas compañías eran peligrosas porque podrías mimetizarlas de tal modo que terminarías siendo un reflejo de ellas mismas.

El conocido refrán "Dime con quién andas y te diré quién eres" simplifica lo que ya Aristóteles decía en su *Ética a Nicómaco*, dentro del capítulo dedicado a la amistad: "Uno no debe amar lo que es malo ni asemejarse a un hombre vil". Si pronto adviertes vicios en tus amigos más cercanos y, pronto también, te das cuenta de que no serás capaz de desterrárselos, no pierdas más el tiempo y cambia de rumbo.

Ahora admito que la mamá de aquel amigo de la infancia hizo lo correcto cuando le prohibió a su hijo juntarse conmigo. Yo era un niño sin rienda, tenía una bien merecida fama de descarriado y hasta de ladronzuelo, y eso era suficiente para temer que yo pudiera descarrilar aquella buena alma con la que ahora mantengo —vaya paradoja— una estrecha amistad.

PELIGRO 16
La culpa

Como alguna vez te dije, viví con mi abuela Carito los últimos años de su vida. Tus abuelos Rogelio y Laura se habían mudado a Armería y, debido a que yo estudiaba la preparatoria en Colima y Carito necesitaba compañía, se resolvió que me quedara con ella a vivir, de esta manera podía asistir con mi vigoroso cuerpo su mermada humanidad. La verdad es que lo hice sin oponer resistencia. Ella era una mujer frágil, de temperamento más bien apacible, y me complacía en todo lo que yo quisiera. Aunque era vegetariana, el pollo y la carne le quedaban de lujo. Vivir con ella era casi como vivir solo, pues nunca se convirtió en un flagelo para mi libertad.

En aquella edad, justo similar a la que atraviesas en este momento tú, no había límites ni fronteras: la muerte era una cosa lejana y extraña, y no existía mejor cosa para mí que esperar los fines de semana para salir de fiesta con los amigos. Mi abuela lo sabía y lo consentía, aun cuando conocía de los peligros que podían acecharme en mis correrías.

Creo que ella en el fondo estaba consciente de que haber puesto a vivir a un joven mostrenco con una anciana acosada por un misterioso pasado nunca fue la mejor opción, pero así se había decidido. Como te digo, no renegué de eso, ni mucho menos lo haría ahora.

Mi abuela Carito era discreta y apenas se hacía notar cuando coincidíamos en la casa, ella metida en su costura y yo en mi habitación viendo el televisor o perdiendo el tiempo en cualquier cosa (no olvides que entonces no existían ni el internet ni las redes sociales). Todo este remanso que eran nuestras vidas se rompió, sin embargo, una noche que volví de una fiesta.

Cuando quise entrar a la casa y me dispuse a sacar la llave de la puerta, advertí que no la traía entre mis ropas. Me esculqué las cuatro bolsas de mi pantalón, incluida la de la camisa, y nada. No supe si la había perdido en el camino o la había olvidado en el buró de mi habitación antes de partir. Se me ocurrió que me podía brincar por el patio de servicio, pero cuando me asomé por el resquicio de la puerta me di cuenta de que ésta tenía puesto el candado, costumbre inusual. Sólo me quedaban dos opciones posibles: irme a dormir a cualquier parte o despertar a mi abuela para que me abriera. Como no tenía adónde ir, opté por lo segundo. Me acodé en su ventana, la cual daba a la calle, y bisbisé: *Mamá Carito, mamá Carito*. La llamé, recuerdo, varias veces, y a los pocos minutos escuché, al fondo de su habitación oscura, su voz medio enronquecida que me respondía. *¿Me puedes abrir? Olvidé la llave*, le dije. *Sí, mijo*, contestó ella.

Me aproximé a la puerta y esperé. De pronto, la puerta se abrió. Mi abuela apareció enredada en su chal gris, con el cual se protegía del frío del amanecer. Ingresé en casa y cerré la puerta tras de mí. Carito se dio la media vuelta y emprendió el camino de regreso. Vi cómo su jorobita se iba perdiendo en la oscuridad. Subí a mi habitación, entré en mi cama y a los pocos minutos ya estaba profundamente dormido.

A la mañana siguiente, cuando bajé a desayunar, encontré a mi abuela en la cocina. Noté que tosía. *Creo que me resfrié anoche*, dijo. A los pocos días, su catarro empeoró, y cuando cerré los ojos y volví a abrirlos mi abuela ya estaba siendo internada, a consecuencia de una neumonía. Cuando la fui a visitar al hospital, no lo podía creer: la tenían entubada y estaba inconsciente. A los pocos días moriría, y yo ni siquiera había sido capaz de despedirme de ella como se debía, cosa que lamenté en lo profundo.

Durante los días de su hospitalización y muerte estuve en una especie de *shock* que me impidió darme cuenta cabal de lo que estaba sucediendo, pero pasadas algunas semanas de su entierro me vino un sentimiento enorme de culpa que me empezó realmente a corroer las entrañas: asumí que yo había sido el responsable de la muerte de mi abuela Carito, y no había nadie que pudiera negarlo. Si aquella noche ella no hubiera tenido que salir a abrirme la puerta, no habría enfermado y, como consecuencia de ello, no estaría muerta.

Muchos años me acompañó este remordimiento del que no me podía deshacer de ninguna manera, y aunque en ciertos periodos de mi vida se alejó de mí, cada tanto volvía con la misma fuerza de la primera vez que lo sentí. Seguro de que de habérselo confesado a mi madre se me incriminaría sin piedad, decidí guardármelo para mí mismo, al fin que confesándolo no iba a conseguir traer a Carito de vuelta.

Hace unos cuantos años, sin embargo, en un momento de enorme confidencia con tu mamá, se lo conté todo. Tu madre, serena como siempre, me dijo que no sólo era imposible realmente saber si mi abuela enfermó y murió por esa causa (tal vez ya venía presentando síntomas desde antes sin que yo lo supiera), sino que además, si por alguna razón yo hubiera tenido responsabilidad en ello, nada podía hacer ya para cambiarlo sino exactamente lo que hice: haber tomado nota de mi error, arrepentirme por aquello que hubiera considerado inapropiado y, para evitar caer en las mismas tentaciones, permanecer con la conciencia alerta en el porvenir.

Las palabras de tu mamá me trajeron una calma súbita. Si ya de por sí haberle confiado mi secreto significó una liberación, sus palabras terminaron por traerme la paz que necesitaba. Los seres humanos cometemos errores, no somos infalibles, y tú no podrás escapar a ellos: errores grandes, pequeños, deliberados, inconscientes. Procura, sin embargo, no llevarlos contigo toda la vida, y menos que se conviertan en una carga para ti, pues, como bien lo dijo el poeta griego Agatón de Atenas, "ni siquiera Dios puede cambiar el pasado". Arrepiéntete profundamente si la ocasión así lo amerita, pide perdón sin humillarte, y proponte ser mejor en cada paso que des. Si esto lo hubiera sabido antes, aquella desazón no me habría arruinado muchos de los días más hermosos de mi vida.

PELIGRO 17
La falta de estudio

De niño pasamos algunas tribulaciones económicas y no fue fácil para mí entenderlas ni lidiar con ellas. Mi madre era maestra (lo fue casi arrastrada por la voluntad de mi abuelo, Dios lo bendiga) y mi padre apenas había terminado el primero o segundo semestre de la carrera de arquitectura, misma que abandonó por causas aún desconocidas pero que yo, ahora, creo que se reducen a que realmente a mi padre nunca le interesó la escuela. Sin ningún verdadero oficio o profesión, mi padre se dedicó a hacer un poco de todo. Vendió palos de escoba, trabajó en una empresa ferretera como agente de ventas, anduvo de gambusino buscando oro en las viejas haciendas de Colima, traficó con maderas finas, comercializó con el polietileno, fue distribuidor de aceites automotrices, administró un restaurante de mariscos. Aunque se entusiasmaba en cada negocio que emprendía, los negocios no le pagaban con la misma moneda, y no sólo porque no tuviera la suerte suficiente que nos alinea con el venturoso destino, sino porque quizá le faltó la ciencia y la técnica que provee el estudio de una profesión formal, sin la cual no hay beneficio.

Muchos años después me di cuenta que fue en aquella época que yo supe que tenía que estudiar, pues no quería encontrarme con las mismas contrariedades en el futuro. No sabía cómo le iba a hacer, pero apenas sintiera una inclinación o pasión por algo me atenazaría a ella y no la soltaría jamás. También supe algo desde aquellos años incipientes: que aquello que eligiera lo tenía que amar con todas mis fuerzas. No me preguntes de dónde me vino la convicción de que hacer las cosas sin amor te impedía llegar a la verdadera felicidad (que al final del día es el único objetivo de nuestras vidas, como bien lo dijo Platón), pero yo la sostuve desde que tengo memoria.

Si bien es cierto que no es imprescindible la educación formal (ir a la universidad) para alcanzar la felicidad en aquello que hagamos, me sigue pareciendo la ruta que menos tienta a la suerte, y mucho menos la pone a prueba. Por eso mismo, tú lo sabes, yo así lo hice. Contra viento y marea (porque me casé a muy temprana edad con tu madre), terminé las carreras de Derecho y de Lengua y Literatura Españolas, casi al mismo tiempo, mientras trabajaba en el Ministerio Público, en horarios demenciales. Después aproveché la ocasión (casi como lo hace el astuto ladrón) y partí a España a estudiar el doctorado en Letras Hispánicas, pues aspiraba a encontrar un trabajo estable no tan lejano al círculo de mis verdaderos intereses (la literatura) que favoreciera y enriqueciera mi actividad como escritor. De regreso de España obtuve, efectivamente, una plaza como profesor de tiempo completo en la Universidad de Colima, y como mis ansias de conocer más mundo no habían terminado de saciarse (esto ha sido un buen alimento para mis libros), busqué una puerta abierta en el extranjero.

Esa puerta se me abrió, grande y de par en par, en la Universidad de Otago, en Nueva Zelanda. Aun cuando no había escuchado antes nada de ese país, no lo pensé dos veces y allá fuimos. Tenías poco más de dos añitos, e ibas con tus ojos chispeantes y tu boca parlanchina. Fueron tiempos maravillosos que, ahora lo veo, sólo ocurrieron por una sencilla razón: porque para conseguir esa plaza yo necesitaba tener en mano un título de Doctor en Letras, así que de otra forma (por más poeta que fuera y por más libros que tuviera publicados) eso no habría sido posible. Vivir en Nueva Zelanda, tú lo sabes, ha sido una de las experiencias más enriquecedoras de mi vida, por eso amo ese país como si fuera el mío propio.

Pasados unos años adquirimos la residencia permanente y luego de otros más la ciudadanía, la cual ahora te permite estudiar ahí con todos los apoyos (que no son pocos) que te ofrece el gobierno neozelandés. Tú sabes que sin ese requisito los aranceles universitarios se elevan de tal modo para los estudiantes no locales que habría sido imposible para mí costeártelos. Sin embargo, no será así.

Si hacemos el camino de regreso de todo esto que te he estado contando y volvemos al punto del que partimos, te darás cuenta de que, como lo escribió Cicerón, "las raíces del estudio son amargas, pero sus frutos son dulces". Por eso ahora creo férreamente en el estudio. No sólo me dio la posibilidad de ensanchar el panorama de mis expectativas humanas, intelectuales, espirituales, incluso materiales, sino que también tú mismo, como consecuencia de ello, ahora tienes dos países, dos lenguas, dos visiones de la vida, dos grandísimas oportunidades para seguir realizándote, y es muy probable que, si sigues confiando en el estudio, puedas también ofrecerles a tus hijos un mundo con aún más posibilidades de las que tú mismo tuviste, y eso te hará sentir tan orgulloso como se siente todo capitán que, luego de un largo naufragio, consigue llegar a un puerto seguro.

Las redes sociales

Tú sabes que odio las redes sociales, pero también que las necesito para mi trabajo periodístico, que amo. No sólo son una fuente de información (léase información, no conocimiento), sino también una manera de hacer sociología, de modo que me sirven mucho también para diseñar arquetipos de personajes que después aparecerán en mis novelas o relatos. No obstante, si no tuviera la necesidad orgánica de hacer periodismo, te aseguro que dejaría las redes y me sumergiría en la lectura de la obra de algunos cuantos autores que admiro, que tú conoces también: Epicuro, Platón, Aristóteles, Cicerón, Séneca, Plutarco, Epicteto, Marco Aurelio. Me iría muy lejos, pues, de esta realidad para adentrarme en otra que, en más de un sentido, responde curiosamente a lo que ahora necesitamos con urgencia: un espacio en donde podamos convivir y enriquecer nuestra vida interior a través de la contemplación, la reflexión de las grandes verdades universales, la práctica de los principios básicos del bien vivir.

Las generaciones actuales han roto la ventana de su vida interior y han dejado entrar a su intimidad a cuanto transeúnte se asoma por ella, no importa que sean lobos disfrazados de ovejas, mentiras disfrazadas de verdades, frustraciones enmascaradas de benevolencia, todo ello por una necesidad tan grande de aceptación que son capaces hasta de desnudarse frente a una cámara.

Pero no todo es malo en las redes sociales y, por tanto, tampoco debemos pasarlas por el cadalso a la menor provocación. Son útiles si las sabemos usar con inteligencia, ¿y qué no es útil si se emplea con inteligencia? Para mí, por ejemplo, que me dedico a escribir y que tengo una vida más o menos activa en mi propia actividad profesional (publico libros que necesitan promocionarse, doy conferencias que requieren diseminarse, participo en actos públicos que piden difundirse), las redes sociales han sido un gran complemento y han servido para visibilizar un poco más mi trabajo. En más de una ocasión he recibido invitaciones para dar seminarios, participar en ferias de libros, conferencias y encuentros literarios gracias a interesados que han visto mis publicaciones en redes. He recibido, incluso, ofertas de trabajo.

Pero luego está esa frontera que, apenas cruzarla, te lleva a ese gran muladar lleno de basura informativa, cuentas falsas, *fake news*, bocas que claman tener la verdad absoluta, insultos, agresiones verbales, ruido, ruido y más ruido, y yo francamente termino con el cuerpo hecho un escupitajo y completamente hastiado. No quiero otra cosa, pues, que las redes sean útiles para ti, y que no permitas nunca que destruyan tu vida interior, lo único realmente nuestro y que vale la pena preservar. Podrás abrir una *fanpage* para dar a conocer tus nuevas composiciones, subir un video del concurso de guitarra en el que participaste recientemente, reseñar un libro de música que te haya causado una grata impresión, hacer la crónica, incluso, de alguna aventura profesional. Pero nunca caigas en la frívola tentación de la *selfie*, y menos si consideras que ésta, por sí misma, puede ser ofensiva para los otros. Si te va bien en la vida, basta con que lo sepamos tú y quienes te amamos, pero recuerda que muchas personas no han tenido la suerte (y quizá no la tengan nunca) de que les vaya tan bien como a ti, de manera que no podrías causar en ellos una buena impresión.

Ya sé que me podrías rebatir con el argumento de que no nos debe importar lo que los otros piensen, en lo cual en cierto sentido llevarías razón (pues uno nunca le puede dar gusto a todas las personas); pero si a uno le dan a elegir entre someter su vida privada al escrutinio de los otros o no hacerlo, y más si corremos con ello el riesgo de obtener más perjuicios que reales beneficios, lo mejor es preservar nuestra propia intimidad y dar dos pasos hacia atrás. Es tiempo de volver a los libros, que también están a la mano. En mi teléfono inteligente llevo una pila tal de *ebooks* que cualquiera, al verme, pensaría que no hago otra cosa sino estar metido en las redes todo el día. Pero ahí sí no me importa lo que la gente piense, porque una cosa es que yo abra las puertas de mis pasadizos interiores y otra, muy distinta, que otros se imaginen, al no poder traspasarlos, todo lo que creen que hay ahí dentro.

No leer

Te lo voy a decir en una sola frase: sin Dios y sin los libros yo no sería más que un simple saco de huesos con dos piernas y dos brazos. Todo lo que soy, todo lo que tengo, todo lo que seré, se lo debo y deberé a Dios y a los libros. Llegaron a mis manos como un milagro, en el momento en que más los necesitaba. Esto te lo he contado en varias ocasiones, pero no está de más que te lo repita.

Como sabes, en mi casa había pocos libros. Cuando mi abuelo Bulmaro murió, mi mamá recibió de él, entre otras cosas, un librero blanco lleno de volúmenes, el mismo que, por cierto, fue a dar con nosotros a Nueva Zelanda. En lugar de colocarlo en algún lugar de la sala o el recibidor, mi madre lo atrincheró en el cuarto de tiliches. Quedó bajo una pila de sillas rotas, ventiladores descompuestos, marcos de espejo desensamblados, mesitas de noche averiadas y otros objetos. Como esa habitación, además, estaba en la parte trasera de la casa, a veces, cuando me portaba mal, se me imponía como castigo permanecer encerrado ahí por algunas horas. Las primeras veces el encierro fue realmente un suplicio. Enclaustrado ahí dentro veía transcurrir el tiempo con la lentitud de una gota gorda de aceite que va estirándose hacia los extremos hasta que de pronto una de sus partes se desprende de la otra y cae al suelo. El agobio me hacía jadear, y además padecía un calor insoportable.

Pero cuando uno cree que todo está perdido en la vida, entonces sobreviene el milagro. En una de aquellas ocasiones me senté en el suelo de tal modo que quedé frente a *El tesoro de la juventud*, una enciclopedia conformada por unos veinte volúmenes que abordaban temas misceláneos: historia, naturaleza, artes, experimentos científicos, cuentos, fragmentos de novelas, descubrimientos… Aquel día se me ocurrió extraer uno de sus tomos y me puse a hojearlo. Me pareció una cosa entretenidísima, sobre todo la sección de "Cosas que debemos saber". De ahí brinqué a la lectura de un poema y al apartado de juegos y pasatiempos. El tiempo del castigo se me hacía humo en las manos.

Desde ese instante y en adelante, cada que se me castigaba, iba con gusto al cuarto de tiliches, pues sabía que iba a poder disfrutar de la enciclopedia. Meses después, cuando me sentía aburrido en casa y no podía salir a la calle (si estaba lloviendo, por ejemplo), empecé a regresar ahí aunque no fuera castigado, sólo para hojear los libros que había sobre las tarimas del librero blanco. Además de *El tesoro de la juventud* encontré novelas, libros de historia y filosofía, compilaciones de poemas, revistas. Un volumen en especial llamó poderosamente mi atención: *Canek*, de Ermilo Abreu Gómez. Es la historia de un indio maya que el autor aprovecha para ofrecernos toda la cosmovisión de estos pueblos indígenas. Es un texto maravilloso, escrito con una prosa limpia, directa, poética.

Un pasaje fue para mí como un regalo de navidad: aquel en el que el niño Guy le pregunta a Canek qué sucede cuando los niños se mueren. Y dice Canek: *Cuando los niños se mueren, niño Guy, despiertan*. Yo entonces le tenía un miedo terrible a la muerte.

Pensar en ella me quitaba el sueño, me la imaginaba como algo terrible. Me había sorprendido mucho, además, haber escuchado la historia de alguien que había sido enterrado vivo, y yo no podía imaginar la desesperación que habría sentido en el fondo de la tierra. La respuesta de Canek, por tanto, me liberó. Porque si morir era despertar, entonces yo no habría de morir sino todo lo contrario: empezaría a vivir nuevamente. La respuesta a una de las interrogantes que más me perturbaban en ese momento no la había encontrado en mis padres, sino en un libro.

Si volví tantas veces al cuarto de tiliches y sin decirle a nadie (ni a mis padres, ni a mis amigos, ni a mi propia sombra), fue, lo pienso ahora, porque me hice a la idea de que si los libros estaban en el lugar al que iba a parar todo lo que no servía, entonces por extensión ellos tampoco serían útiles para nada. Ser lector, pues, no era algo que yo pudiera presumir o de lo que me pudiera jactar, sino algo íntimo. Desde entonces la lectura se convirtió en el gran motor de mi vida y, como te lo he dicho, todo lo que soy, todo lo que tengo, se lo debo a Dios y a ella. Los libros me enseñaron a escribir, a pensar, a sentir. Me hicieron más humano y más libre, más justo y más compasivo, más consciente del mundo en el que vivo. Por eso ahora entenderás por qué siempre te he pedido que no dejes de leer, y no puedo negar que me has hecho caso. Pero nunca dejes, por favor, de llevar un libro en la mano. Es, verdaderamente, la única llave que abre todas las puertas a la felicidad.

PELIGRO 20
El materialismo

Si algo debe uno acumular en la vida son virtudes. Los bienes materiales (una casa, un coche de lujo, un reloj de oro) producen apenas una satisfacción momentánea. Por eso mismo uno se hace insaciable si sigue en pos de ellos, pues el deseo de tener más y más nunca termina. Si nos sentimos atraídos por los bienes materiales es seguro que lo hagamos de igual modo por lo que otros poseen, y entonces es normal que no sólo queramos tener lo mismo que los otros, sino aún más que ellos. Éste es el camino menos inspirador que pueda haber en la vida, porque siempre buscaremos a alguien que tenga más que nosotros para poderlo rebasar.

En estos días se ha perdido el verdadero valor y utilidad de las cosas de tal modo que ya un vehículo no nos interesa porque nos transporte, sino porque tiene el más sofisticado sistema de sonido o los asientos más inteligentes del mercado. Lo mismo nos sucede con las casas, las construimos de tal modo que puedan agradar a sus visitantes y no para que puedan ser confortables para nosotros mismos. Lo accesorio le ganó la batalla a lo sustancial. Nos convertimos en esclavos de un automóvil, de una mesa, de un teléfono, y sufrimos sólo de pensar que aquello se nos puede estropear o que, al paso de los meses o años, ya no vayamos a tener la posibilidad de reemplazarlo.

Con los bienes espirituales sucede todo lo contrario. Las virtudes, lejos de procurarnos sufrimiento, nos deparan alegría y prosperidad. El acto mismo de hacer el bien a otro, más allá de que del otro recibamos otro en la misma proporción, es ya de por sí un acto dichoso. Practicar la caridad, la justicia, el amor, la honestidad, la prudencia, la gratitud, la equidad, nos mueve en el sentido contrario al desasosiego que nos produce una vida material. Son bienes imperecederos, y a nadie nos gusta nada más que aquello que nos puede procurar una dicha sin fin.

En una de sus *Cartas a Lucilio*, Séneca escribe:

> Todos tienden en verdad al goce, pero ignoran en absoluto el goce grande y estable: uno lo busca en convites y desórdenes; otro, en la ambición y en un numeroso cortejo de clientes; otro, en su amiga; otro, en la vana ostentación de los estudios liberales y en las letras, que no pueden curarnos de nada: todas estas gentes van engañadas por placeres breves y falaces, como la embriaguez, que paga con las horas de tedio la loca alegría de una hora; como los aplausos y las aclamaciones del favor popular, comprados y expiados con tantas inquietudes.
>
> Reflexiona, pues, que el efecto de la sabiduría es una alegría siempre igual. El alma del sabio es como la del mundo superior a la Luna, donde siempre reina la serenidad. Aquí vemos, por lo tanto, un motivo para desear la sabiduría; que en ningún momento el sabio carece de alegría. Esta alegría sólo puede nacer de la conciencia de las propias virtudes: únicamente el fuerte puede estar alegre; sólo el justo, sólo el temperante.

Serás realmente sabio cuando distingas entre lo fugaz que te brindan las cosas materiales y lo imperecedero que te procuran las virtudes, como dijo Séneca. Si la vida te premia con riquezas materiales, bendícelas, pero no olvides que sólo evitarás que te hagan desgraciado en tanto no permitas que te conviertan en su esclavo, pues, como te lo he dicho, de lo único que debemos ser esclavos es de la virtud.

Te pongo sobre la mesa un ejemplo que conoces bien. En una ocasión sostuve una prolija conversación con un familiar mío. Estaba agobiado. Se levantaba a las seis de la mañana y se iba a la cama a las doce de la noche, todos los días, salvo los domingos. Apenas veía a su mujer y a sus hijos, un poco al garete. Estaba construyendo una cabaña que simplemente no terminaba. Criaba gallos finos y de pelea cuya manutención le costaba un ojo de la cara. Pagaba también un mozo y un velador. Los gastos ascendían a miles de pesos mensuales, por lo que le impedían detener su ritmo de trabajo. El único día que tenía de esparcimiento era el domingo, pero de lo único que tenía ganas entonces era de olvidarse de todo y, por tanto, se embriagaba hasta quedar dormido en su silla, sin poder disfrutar de sus gallos finos ni de los jugosos frutos que le prodigaba su vergel.

Le dije que tenía la solución en las manos: vender los gallos, detener la construcción de su cabaña (lo que ya había terminado parecía suficiente), despedir a sus empleados (para evitar pagar tantos sueldos) y, como consecuencia, disminuir su ritmo de trabajo y contar con más tiempo para disfrutar a sus hijos y sus tierras, además de ganar libertad para sí mismo.

Me contestó que no podía hacer eso. ¿Por qué? *No sé*, dijo, *pero no puedo*. Noté en su respuesta un dejo de esa vanidad que le producía presumir tener gallos finos y unas tierras majestuosas (así lo tuvieran desasosegado), y que era más grande que el valor de su paz espiritual y su tranquilidad, incluso que la convivencia con sus propios hijos. Fue una gran enseñanza escucharlo, aunque no hubiera podido hacer nada para remediar su situación.

Por eso ahora te lo digo: usa lo material por utilidad y no por presunción, y cuando te sientas tentado a caer en esa falsa idea de que sin aquello no podrás tener esto último, sólo recuerda a quienes viven ostentosamente y con excesos (tú los conoces muy bien) y, a pesar de ello, siguen siendo unos desgraciados. No hay peor sufrimiento que desear lo imposible. Recuerda que la felicidad está al alcance de la mano y no necesitarás gastar ni una sola de las monedas que tengas en tu bolsillo.

La injusticia

Aunque no podamos definir con la mayor exactitud lo que es la justicia, en nuestro interior sabemos bien identificar lo que es injusto. Cuando tu hermana, durante la comida, te pregunta algo de buena manera y tú te haces como que no la escuchaste, habiéndola escuchado claramente, sabemos que sería injusto que no respondieras a su llamado. De igual modo, cuando dos personas se postulan por un puesto de trabajo en el área de informática de una empresa privada, y a uno de ellos se lo dan aun teniendo menos méritos que el otro, a quien han hecho a un lado simplemente por su condición racial, claramente identificas que no ha sido justa la decisión.

Así como existen estas categorías simples (robar el dinero que no es tuyo, atropellar a un animal que pudiste haber esquivado, traicionar a quien ha sido espléndido contigo), hay otras categorías más complejas, pero que en el fondo nos mueven hacia un lado o hacia otro de lo que consideramos justo o injusto. Por ejemplo, si un hombre acusa injuriosamente a su amigo de corrupto y éste, que no lo es, se siente ofendido y comete el error de golpearlo con severidad, estamos claros que es justo que el hombre tenga que ir a la cárcel por haber cometido una falta como ésta, la cual sería injusto no penalizar. Pero de pronto podemos pensar: ¿no sería justo también que el hombre que profirió la injuria recibiera algún tipo de castigo, aunque éste no estuviera prescrito en la ley? No violencia física, por supuesto, pero: ¿no es injusto haberle injuriado así a un hombre que lo único que ha hecho en la vida ha sido ser honesto y trabajador? Porque si nos basamos en la concepción de Ulpiano, para quien la justicia es "la constante y perpetua voluntad de darle a cada quien lo que le corresponde", entonces hay en este acto mencionado una omisión de la justicia en contra de la moralmente reprochable acusación del hombre, quien al final del día no recibió lo que le correspondía.

De esta manera, lo que consideramos justo e injusto se puede ir convirtiendo en algo muy complejo e incluso inasible, a tal punto que cualquier definición podría hacernos caer en un escollo. Pero si nos mantenemos rígidos en su más simple sentido aristotélico entenderemos que la justicia es lo bueno y la injusticia es lo malo, la justicia es la virtud y la injusticia es el vicio. Por eso se ha dicho desde la antigüedad que "en la justicia caben todas las virtudes". Yo quisiera, por tanto, que lucharas siempre por lo justo, por lo bueno, y que eso normara tu propia vida y tu vida con relación a la de los demás, porque luchando en contra de aquello que no crees no harías sino reafirmar tus propias creencias.

Te advierto que el mundo está lleno de injusticias, y puedes morir de rabia y de impotencia por no poder acabar con ellas, pero no olvides que es mejor que le cometan a uno injusticias que uno cometerlas, porque así como no daña al hombre lo que entra en su boca sino lo que sale de la misma (Mateo 15:11), de igual modo no dañarán nunca tu corazón las injusticias que cometan en contra tuya, sino las que tú cometas en contra de los demás. Por alguna razón extraña, te lo digo por propia experiencia, aquellos que han cometido injusticias en mi contra me han propiciado, en realidad, un bien mayor.

Cuando he tenido la oportunidad de luchar contra esa injusticia, lo he hecho, y en no más de una ocasión he vencido en la batalla, pero cuando he visto la inutilidad de emprender cualquier empresa que sé que no prosperará (sería demente que un hombre solo y sin armas se enfrente a un pelotón armado), entonces me he hecho a un lado y he continuado mi camino, procurando que la inquina me dure apenas unos cuantos atardeceres. Hay una justicia divina, además, y hay que dejarse caer en su regazo también, porque en ella subyace una ley más poderosa que la humana, muchas veces hecha y moldeada a conveniencia de unos cuantos.

PELIGRO 22
El aislamiento

Unos meses después de empezar a trabajar como catedrático de literatura latinoamericana en la Universidad de Otago me enteré de que mi rendimiento tenía que ser evaluado cada año. Al cabo de cinco años, se me confirmaría la permanencia de mi plaza o se me negaría. Aunque sabía que esto era lo justo (la universidad tenía que asegurarse de que había contratado al profesional correcto), el hecho puso en mí una presión que realmente no esperaba.

Para cumplir con las expectativas universitarias, tenía yo que publicar artículos científicos dentro de mi área en revistas arbitradas y obtener buenos resultados en las evaluaciones de mis estudiantes, además de cumplir con algunas responsabilidades administrativas, propias de mi tarea. Nada del otro mundo, en realidad. Sin embargo, me impuse un régimen de trabajo tan estricto (tanto en la publicación de libros y artículos como en la enseñanza de mis materias) que francamente me elevó el estrés a un nivel que nunca antes había padecido.

Si a esto agregabas que mi carrera como escritor empezaba a despuntar (por lo menos con respecto a como la había dejado cuando vivía en mi ciudad natal) y yo no quería por ningún motivo abandonarla, pues si en realidad había decidido mudarme a Nueva Zelanda era para enriquecer mis experiencias en ese renglón, entonces el techo de exigencias se me hizo casi inmanejable.

Hubo periodos de aquel tiempo en que tu madre tenía que sacarte a dar vueltas por la ciudad para que yo pudiera concentrarme en un extenso libro que escribía sobre la poesía mexicana de los siglos XIX y XX, *Reloj de pulso*, y en aquella temporada en que escribí mi novela *41* me iba a la cama pasadas regularmente las dos o tres de la madrugada.

Mi vida empezó a girar en torno a tu mamá, a ti (siempre lleno de energía) y a mis libros y cursos universitarios. Si siempre he sido de pocos amigos, en aquel tiempo tuve menos, y si de pronto llegué en algún momento a ser aficionado a algún deporte o *hobby*, en aquellos años no tenía ninguno. Me había propuesto obtener la confirmación de la plaza (no me imaginaba recibiendo la carta de negativa) y estaba empeinado en publicar artículos y libros que me permitieran lograr dicha meta.

En realidad, como me suele pasar, calculé mal, y de eso me di cuenta cuando, al tercer año y no al quinto, el jefe de Departamento se reunió conmigo para felicitarme y decirme que promovería para mí una confirmación temprana: tendría la permanencia de mi plaza como catedrático a los tres años y no a los cinco, como lo marcaba el reglamento ordinario. Tuve una alegría enorme, es cierto, y en casa lo celebramos tu madre y yo en la discreción de nuestra pequeña sala. Fue algo que incluso compartimos con tus abuelos. Un objetivo que me trajo tranquilidad laboral y más certidumbre en el porvenir, pero que, para entonces, ya me había desgastado mucho los nervios, cosa de la cual no me pude recuperar nunca. La ansiedad se me convirtió en un mal crónico, me apareció con mayor reciedumbre el trastorno obsesivo compulsivo, y de ahí en adelante sólo fue lidiar con pensamientos intrusivos, ataques de pánico, desazón, miedos, insomnio.

No me arrepiento porque, como te lo he dicho, el pasado ni Dios puede cambiarlo, pero si pudiera rebobinar la película que viví, haría ligeros cambios en mi proceder, de dos tipos. El primero, desaceleraría el ritmo de trabajo; el segundo, me habría hecho espacio para alguna actividad de esparcimiento que, por lo menos, me distrajera unas dos o tres veces por semana. Una cosa más: no habría jamás sacrificado el sueño. Estoy seguro de que, de haber hecho esto, mi situación emocional sería otra y podría lidiar mejor con ella.

Todo eso lo he cambiado ahora, como te has dado cuenta: ya no me desvelo, salgo todos los días a caminar solo y todas las tardes a pasear con tu madre y hermana, y mi trabajo de escritura lo voy llevando a un ritmo que, podríamos decir, es constante pero no obcecado. Lo único que quiero decirte es que te veas en mi espejo y aprendas. El estudio de la guitarra clásica es muy demandante, y yo veo que la practicas con pasión y entrega, horas y horas, pero me preocupa que no reconozcas el límite entre lo sano y lo malsano, pues uno no lo ve hasta que, lamentablemente, lo transgrede.

Ensaya sin que pongas en riesgo nunca tus manos, pues una lesión (que Dios quiera que nunca sea permanente) puede acabar con muchos de tus sueños. Estudia y trabaja, pero siempre en dosis pequeñas, diarias y constantes, y verás que los resultados serán mejores que si pretendes acabarte el pastel de un solo bocado. Yo, por ejemplo, me propuse escribir una página diaria desde hace mucho y, al cabo de un año, logro cualquier objetivo que me imponga. Así hazlo tú, que el mucho uso de cualquier cosa la desgasta y la rompe.

Por último, encuentra una actividad que te distraiga, imponte salir de vez en cuando con amigos, construye una red de personas que aprecies y por las que sientas un afecto de verdad, personas que sepas que buscan el bien para ti. Convive con ellas, habla con ellas, ronda con los amigos, porque la amistad, aunque es difícil, es una de las cosas más maravillosas del mundo. No por otra razón Robert Louis Stevenson, el autor de *La isla del tesoro*, decía que "un amigo es una imagen que tienes de ti mismo". Si es posible, hijo, yo puedo, además de ser tu padre, ser tu amigo. Eso me haría de verdad el hombre más feliz del mundo. Ten en cuenta lo que te he contado para que no vayas a repetir la misma historia que a mí me sucedió. Porque, ya lo sabes, siempre es más difícil acertar que equivocarse.

PELIGRO 23
La presunción

Ya te he contado que cuando volví de España la
situación económica que vivíamos tu mamá (entonces embara-
zada de ti) y yo era adversa; pero hubo una época en que fue realmente indigente, incluso no me avergüenza decirte que llegamos
a no tener casi ni para comer. Fue la época posterior a aquella en
que decidimos vivir juntos. Yo tenía un puesto muy modesto en el
Ministerio Público y era suficiente para una sola persona, podía
incluso darme el lujo de ahorrar un poco, pero cuando llegó tu
madre al pequeño departamento donde vivía la situación se tornó complicada. Mi salario devino en unas cuantas monedas que
apenas nos alcanzaban para llegar a fin de mes. Para sobrevivir
empezamos a vender los regalos de boda, y cuando ya no tuvimos
que vender no tuve más remedio que pedir prestado. Vivíamos
con lo mínimo, pero una cosa sí puedo asegurarte: éramos muy
felices, fueron unos años espléndidos en los que no nos importaba
partir un taco en dos (te lo digo literalmente) para comerlo en los
tiempos de la feria local.

Poco después tu madre se hizo de unas horas como do-
cente de Español en una secundaria y yo añadí a mi trabajo en
la Procuraduría unas horas de clase en un bachillerato de la

Universidad de Colima. La cosa empezó a componerse un poco hasta que, pasados siete años, la suerte nos sonrió mejor, justo en el momento en el que naciste: venías con una torta bajo el brazo, como dicen. Creo que a partir de esa época nuestra situación económica mejoró considerablemente, y más adelante tuve otras oportunidades de ingreso que nos trajeron una estabilidad lejana a lo asfixiante. Nuestra estancia en Nueva Zelanda fue una etapa de consolidación en la que incluso fuimos capaces de comprarnos una casa, en un momento en que en el país antípoda el costo de la vivienda se había incrementado considerablemente y era difícil adquirir una hipoteca aun cuando el inmueble fuera pequeño.

Lo interesante de todo esto es que tu madre y yo nunca nos movimos del sitio donde empezamos. Decidimos, de forma deliberada, vivir con lo esencial, tal como en aquellos tiempos aciagos. Sin ser mezquinos, decidimos todo aquello que se saliera de lo sustancial lo conservaríamos por ahí, debajo del colchón, tal como cuidan en sus graneros las hormigas la reserva de hojas para los tiempos de invierno. Si necesitábamos un carro nuevo lo comprábamos, pero luego de hacer una valoración fría de las cosas. ¿Realmente lo necesitábamos cambiar? No lo comprábamos por nada que no fuera un asunto de utilidad y como una respuesta clara a una necesidad de seguridad. ¿Recuerdas aquel día que cambiamos nuestro vehículo azul por la camioneta roja? No lo hicimos porque tuviéramos la urgencia de presumir un coche nuevo, ni para jactarnos que nos estuviera yendo bien en la vida, sino, como bien lo comprobaste tú, porque el auto viejo ya estaba poniendo en riesgo nuestras vidas, sobre todo cuando hacíamos largos trayectos en carretera.

De la misma manera, en lugar de la casa que compramos pudimos haber adquirido otra un poco más grande, con cinco habitaciones, un cochera para más autos y un sótano más amplio, pero eso no tenía ningún sentido: éramos una familia de cuatro, y una casa más grande nos resultaba innecesaria, por más argumentos que tuviéramos para convencernos de lo contrario.

Si haces un poco de memoria, todas las cosas que hemos comprado (así hayan sido un par de zapatos, ropa, unos crayones, una mochila o unos aretes) las hemos elegido anteponiendo siempre su sentido de real utilidad, Nunca compramos algo sólo por satisfacer un capricho consumista o un irreprimible delirio de vanidad. Salvo en lo que se refiere a la comida o a todo aquello que pueda depararnos un bienestar para nuestra salud física y mental (lo más importante en nuestra casa), para todo lo demás no hemos sido pretenciosos ni derrochadores, sin que ello nos hubiera puesto en el riesgo de ser tacaños, un vicio que Aristóteles trató con severidad. Hemos tenido largas conversaciones ya sobre esto, pero no está de más que te lo deje por escrito. Acostúmbrate a vivir con lo esencial. Como San Agustín, autor de las bellas *Confesiones*, desea poco y, lo poco que desees, deséalo poco también. En un mundo ultraconsumista, la frase de San Agustín bien podría convertirse en uno de los grandes amuletos de la felicidad.

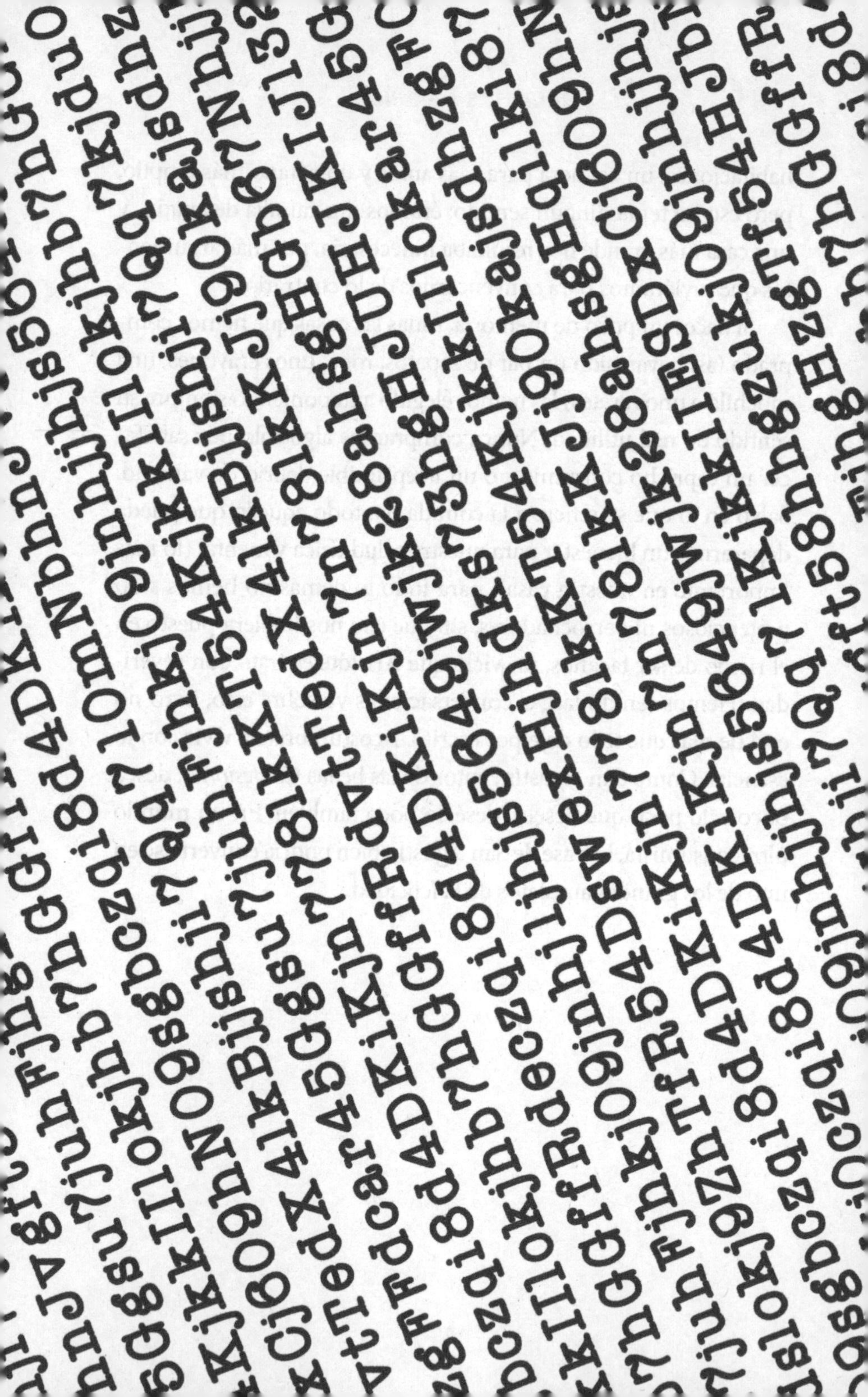

PELIGRO 24
La enfermedad

Creo que mi miedo a las enfermedades me viene de niño. No fui un niño enfermizo, pero tuve dos condiciones determinantes para mi actual condición hipocondriaca. La primera fue que nací con algo que en la jerga médica se conoce como *capo craneana*, una especie de chichón en la parte superior de la cabeza. Esto estresó mucho a mis padres, quienes desde muy niño me transmitieron ese terror de que perdiera la vida, y más porque el doctor que me atendió, poco sensato, les profirió la siguiente frase: "Este niño debió mejor haberse muerto". Dicen que mi padre lloraba tirado en el pasillo del hospital, y tú sabes que él es de cuero duro, así es que ya podrás constatar el dolor que le produjo mi condición. Sin embargo, lo de la cabeza me desapareció al poco tiempo, sin ninguna intervención médica más. La verdad es que la situación pudo haberse complicado y a lo mejor dejar hasta secuelas en alguna de mis funciones cognitivas o motrices, pero no fue así, nunca las experimenté y me desarrollé como un niño normal.

Pero cuando yo creía que todo volvía a la normalidad, vino lo de mis pies. Mis padres notaron que yo pisaba hacia dentro al caminar, tenía los pies sensiblemente chuecos. Podía andar e incluso correr, pero el riesgo de que empezara a tener problemas de movilidad era real, y por eso mis padres decidieron intervenirme poniéndome zapatos ortopédicos, mangueras retorcidas y una barra atravesada entre mis piernas. La barra me mantenía los pies abiertos hacia afuera y con ella se pretendía corregirme el defecto, pero, por otro lado, no me permitía ir al baño por la noche, así que me tenía que orinar en la cama, lo que era muy desagradable. De hecho, con la barra o no, me oriné en la cama muchos años, ahora pienso que por la propia condición nerviosa que padecía.

Para acabarla, unos años después de esto tuve un accidente de tráfico que me dejó varias horas en coma. Según me contaron, el pronóstico médico fue que si no despertaba en un par de horas más, era probable que me quedara en estado vegetativo o me muriera. Nomás de recordarlo me siguen dando escalofríos. Como a mi madre le preocupó mucho que tuviera alguna secuela en mi cerebro debido al golpe que sufrí, me llevaron a la Ciudad de México con un especialista. Su conclusión fue maravillosa: dijo que yo lo único que tenía era la cabeza hueca, y a continuación se rio. Aunque me trajo mucha tranquilidad escucharlo, como también me la dio el momento en que empecé a caminar bien sin haber tenido que ser intervenido quirúrgicamente, el miedo a las enfermedades ya se había instalado en una parte de mi organismo y no me abandonaría jamás. Cualquier pequeña cosa que sienta o me aparezca en el cuerpo es motivo de angustia y pienso en lo peor, es un ciclo que se repite, tal como dan vueltas y regresan al mismo lugar los caballitos de la feria.

Parecería, pues, que no soy la persona más indicada para decirte que no le temas a las enfermedades y, por consiguiente, a la muerte, que es lo que en el fondo a uno realmente lo sobrecoge. Pero aun así lo intentaré. La experiencia que todos estos años he adquirido sobre el tema me ha llevado a la conclusión de que la mejor forma de luchar contra las enfermdades es previniéndolas. Si bien en ocasiones son inevitables, yo me he armado de una serie de hábitos que por lo menos me dejan tranquilo sobre la parte que a mí corresponde para hacerles frente. Si has leído con atención mis cartas, en ellas habrás encontrado ya algún atisbo de respuesta, pero de cualquier modo la sintetizo.

En primer lugar: es indispensable dormir bien. El descanso es algo muy saludable para nuestro organismo. Aunque se habla de que de seis a ocho horas es el tiempo pertinente para el descanso, también está claro que algunas personas necesitan más o menos. La clave es que cada noche tengas un sueño reparador. Si ves que no lo tienes, acomoda tu agenda para conseguirlo.

En segundo lugar, debes alimentarte e hidratarte bien durante el día. Comer la comida esencial: carnes, verduras, frutas, legumbres y semillas. La hidratación es clave, sobre todo en periodos de mayor estrés, pues éstos nos secan los huesos. Evita el cigarro, las drogas, el exceso de alcohol, el café (si ves que no te sienta bien) y la comida procesada o chatarra, incluidos los refrescos y demás bebidas energéticas, que siempre están llenas de azúcares. No olvides echar mano de los micronutrientes (vitamina B, C, zinc, magnesio, aceite de hígado de bacalao, probióticos) si sientes que la mera alimentación te está resultando insuficiente y, en las épocas de invierno, que allá pueden ser duras aunque no miserables, procura tomar algunos quince minutos de sol o, en su defecto, suplirlo con vitamina D. Y algo muy importante: no dejes nunca de consultar esto con tu médico.

En tercer lugar, cultiva el ejercicio y la relajación. Una media hora de ejercicio diario y otra más de respiración, especialmente en los momentos en que te sientas más tensionado, son buenísimos para el bienestar general del cuerpo y la mente. Corre, nada, juega futbol, ve al gimnasio: todas esas son prácticas preventivas que mantendrán sano tu corazón (el motor de tu cuerpo) y te sentirás seguro de estar bien.

En cuarto lugar, existe otra cosa muy importante que me ha servido mucho para contrarrestar el miedo a las enfermedades: orar. Sí, orar y practicar el bien. Procuro ser generoso con quien más lo necesite (sin tomarme fotos que después vayan a dar al Face), ser amoroso con quien reciba bien mi amor y también, ya lo sabes, ser siempre agradecido con aquellos que me han brindado su apoyo. La paz espiritual, lo digo una vez más, es la verdadera felicidad.

Por último, evita las situaciones estresantes, aléjate de las personas tóxicas (aquellas que conviertan tu cuerpo en un nudo agrio) y de las situaciones desagradables, y en cambio busca a quien te haga sentir su aprecio y cultiva las situaciones que te relajen, como caminar, escuchar música, reír con chistes, tocar la guitarra y bailar. Si te acostumbras a lo saludable, la probabilidad de que la enfermedad se haga presente se volverá muy baja. Por eso Hipócrates no se equivocaba cuando decía: "Tus fuerzas naturales, las que están dentro de ti, serán las que curarán tus enfermedades". La enfermedad no puede vivir donde hay salud, ambas son cosas incompatibles, enemigas, adversarias. Así sobrellevo yo mis días, y cuando llega la enfermedad no me toma con las armas en el suelo, me siento más fuerte para combatirla y mi espíritu es mucho menos fatalista de como sería si no activara diariamente estos hábitos consuetudinarios que te he enumerado. Lo bueno es que todos ellos están al alcance de nuestras manos y no necesitamos de grandes esfuerzos para saciarlos (ni aun para el caso de la buena alimentación).

PELIGRO 25
La muerte

No hay una edad en la que se desafíe más a la muerte que en la tuya. Yo la viví y lo sé por experiencia propia. ¿Y sabes por qué? Porque a tu edad no creemos en la muerte, pues la juventud y la muerte son dos cosas totalmente antagónicas: "Con veinte años en el corazón, la muerte parece un sueño, y, sin embargo, se muere", escribió, con razón, Teobaldo Cicconi. En la plenitud de tu vida no hay lugar para un solo pensamiento sobre la muerte, y creo que ni siquiera para la enfermedad. Eso es precisamente lo peligroso.

Pocos meses después de terminar la preparatoria me tocó vivir una experiencia que me ha dolido hasta hoy. Como sabes, al término de cualquier ciclo (primaria, secundaria, preparatoria) se acostumbra una celebración, lo cual está bien pues es una manera de cerrar formalmente una etapa de nuestra formación profesional. En nuestro caso, mi generación preparatoriana organizó una cena a la que, por cierto, yo no fui porque no tenía dinero para pagarla, y no me apetecía pedir prestado para ello. A fin de cuentas se trataba de una sola noche, y al siguiente día la cruda realidad me golpearía en la cara. No conformes con la celebración programada, algunos compañeros de generación empezaron a realizar fiestas informales previas a la Gran Fiesta: un día en el rancho de algún amigo, otro día en la casa de campo de otro, un día más en un restaurante, otra más en la playa. En esas celebraciones había obviamente vino, cigarros y música, puede que incluso droga, aunque yo francamente nunca la vi entre mis compañeros. Como ya te lo he dicho, el alcohol hace su trabajo, y esto fue precisamente lo que sucedió con un grupo de compañeros al volver de una de estas reuniones, la cual se había llevado a cabo a unos kilómetros al norte de la ciudad.

Aquella tarde, el auto que conducía a exceso de velocidad uno de mis compañeros, y en el cual viajaban cuatro compañeras más, se volcó en una de las conocidas curvas peligrosas de la carretera a Suchitlán. Tres de las chicas murieron en el acto, una más quedó malherida y por suerte se salvó luego de una larga intervención quirúrgica. Mi compañero, el conductor, resultó ileso. Fue una tragedia cuya noticia corrió como pólvora en la ciudad y a mí se me impuso inolvidable, sobre todo porque yo veía que las celebraciones y el escándalo que estaban alcanzando las mismas eran, por decir lo menos, un exceso. Creo que faltó lo que casi siempre falta en la juventud: prudencia y sensatez. Pero también, hay que decirlo, faltaron padres.

No voy a filosofar aquí sobre lo que es la muerte, no es esa la perspectiva que quiero compartirte con esta reflexión; sólo me interesa que sepas que debes tener cuidado de no tentarla, porque es algo tan real como un templo, no la arredra la edad ni la condición económica ni nada. Como es inevitable, nada que nos valga podremos hacer para pasar por encima de ella, pero lo que sí podemos hacer es jamás desafiarla. Ni lo intentes. Millones de jóvenes mueren por causas relacionadas con el alcohol en el mundo, principalmente en accidentes de tráfico. Si quieres comprobar las cifras ingresa en la página de la Organización Mundial de la Salud (OMS) y te sorprenderás.

Pero no es el alcohol la única causa de los lamentables decesos entre la población joven: también intervienen las drogas, los deportes temerarios, las actividades de riesgo, todo aquello que tiene que ver con la falta de buen juicio y de criterio a la hora de tomar nuestras decisiones, muy común en edades tempranas. Por eso, antes de dar un paso adelante en aquello que consideres riesgoso, piénsalo fríamente y échate hacia atrás. No somos omnipotentes.

Hace poco, para no ir muy lejos, uno de tus primos tuvo un accidente de tráfico del que pudo salir ileso de milagro, y todo lo causó esa combinación fatal de alcohol e insensatez. Tú mismo viste las fotos: el vehículo que conducía quedó destrozado por completo. No corrió la misma suerte otro de tus conocidos de preparatoria, muerto en un accidente similar. Dejó a sus padres deshechos y marcados por el dolor para el resto de su vida. No acabaría nunca de ilustrar cómo la muerte anda entre la juventud, y no se tienta el corazón por nadie. No la afrentes nunca, por favor, con decisiones extraviadas.

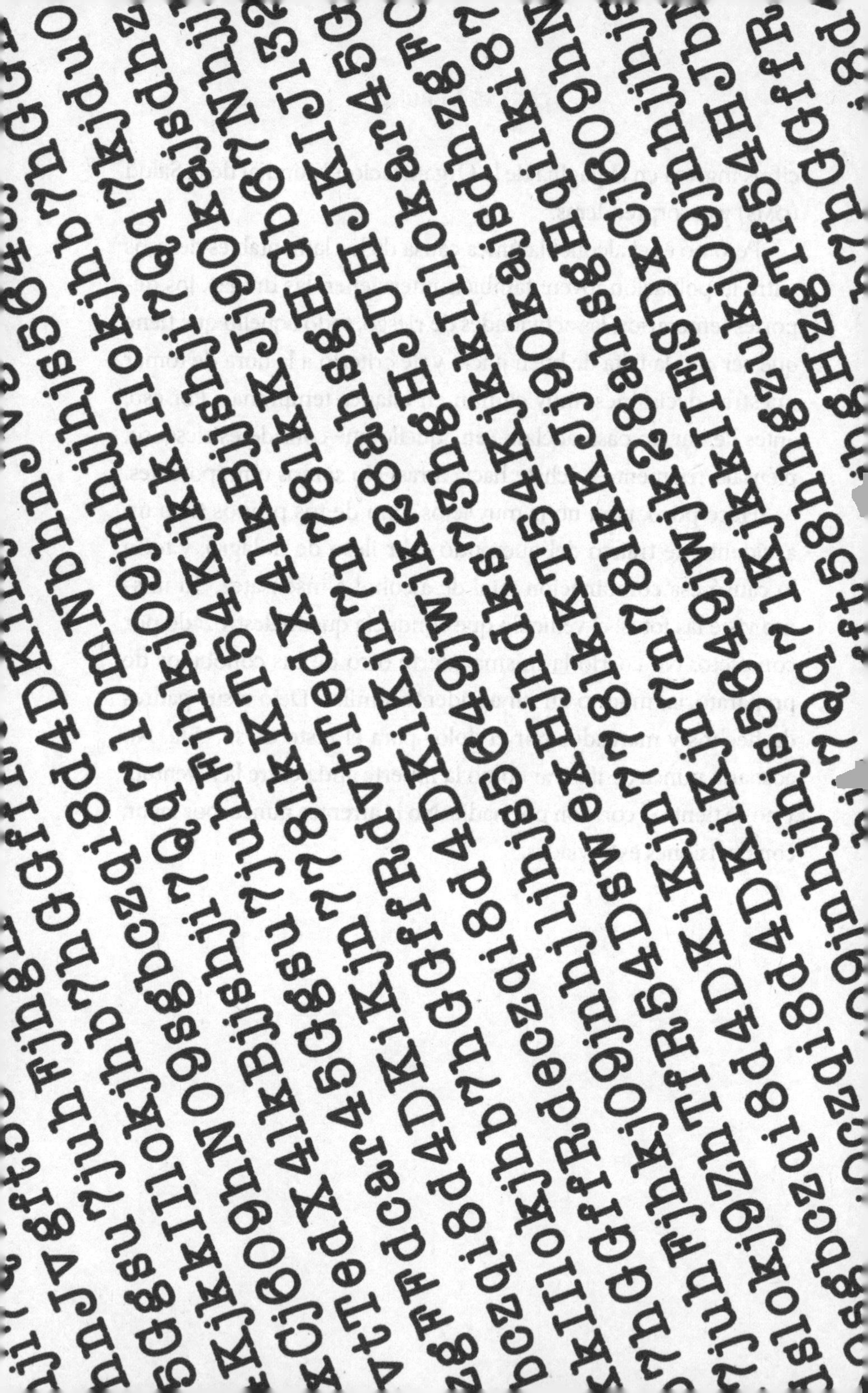

PELIGRO 26
La ociosidad

Hay un refrán que no debes olvidar nunca, porque es una muestra perfecta de sabiduría popular: "La ociosidad es la madre de todos los vicios". Durante mi infancia —lo veo como si tuviera frente a mí la pantalla de un gran cinematógrafo— yo no sabía qué hacer en casa y me echaba a recorrer la calle. No recuerdo haber hecho tareas escolares, o si las hacía las completaba mal y corriendo, para luego salir a la calle, a veces al encuentro de nadie. A pie o en mi bicicleta me perdía en la densidad del barrio y terminaba consumando alguna fechoría. Así llegué a robarme el tapete de una de las casas de la Colón, destruir la llanta de la revolvedora de la *Rata*, herir arteramente a un gato con una piedra, robar dulces o papitas de la tienda de abarrotes de la esquina, y otras cosas más de las que me sigo avergonzando.

Una temporada a mi madre le dio por inscribirme en actividades vespertinas (a ver si así echaba fuera toda la energía que llevaba dentro) y entonces hice natación, luego basquetbol, más tarde futbol, tomé clases de carpintería, participé en un equipo de voleibol, todo ello sin ton ni son. Pienso en todas aquellas actividades como uno recuerda un jitomate, una cebolla y unos cuantos chiles verdes triturados en una licuadora. No recuerdo, pese a que mi alma estaba en formación, que mis manos y mi cabeza se solazaran en una actividad determinada y en ella persistieran, sino que las veo más bien saltando de un lado a otro sin lograr solazarse en nada.

Aquello me producía, incluso, impaciencia y desasosiego, que mi madre solía confundir con desconsideración. Contrario a mí, yo veía que otros amigos del barrio estaban ocupados en tareas diarias, así fueran domésticas: barrer el patio o la calle, lavar los trastes o el auto, planchar, podar el jardín. Yo, en cambio, era un desobligado. O casi: lo único que recuerdo que hacía era tirar la basura por las noches, cosa que, por cierto, odiaba, porque la basura de casa olía a animal muerto. Ni siquiera tendía mi cama. Mi madre se las arreglaba para hacerlo todo, desde la comida hasta la puesta de un botón en mi camisa. Mal hecho: los padres debemos ir formando a los hijos a contracorriente de la ociosidad, enseñarles el valor del trabajo a través de pequeñas tareas cotidianas. Ello moldea el espíritu.

Ahora caerás en la cuenta de por qué te ponía, desde muy chico, a lavar nuestra camioneta, o hacerte cargo de la limpieza de tu habitación, tender tu cama, recoger la mesa y lavar los trastes, sanitizar tu baño, podar el jardín, incluso ¡cambiar el garrafón de agua! Pero también te quise inculcar otros hábitos que han sido fundamentales para tu desarrollo personal, como alimentarte bien y hacer ejercicio. Desde que eras niño me impuse tener tu mente ocupada en algo y persistir en ello.

Al principio te rehusabas al ejercicio, renegabas cuando te ordenaba correr o saltar la soga, pero poco a poco hiciste de aquello un hábito que ahora es una parte integral de tu vida, y estoy seguro de que ya no dejarás nunca de hacerlo. El ocio es lo contrario a tener un propósito determinado en la vida y darle un sentido a lo que somos, por eso perder el sentido de orientación puede resultar catastrófico y llevarte a las atrocidades que yo cometí de niño: robar, destruir, ofender.

En sus *Ensayos*, Michel de Montaigne le dedica un capítulo al ocio, y dice algo que vale la pena reproducir aquí: "El alma que no tiene un objetivo, se pierde. Porque, como suele decirse, estar en todas partes es no estar en lugar alguno". Yo creo que tu alma ya no se perderá, te veo tan enfocado en tu guitarra (y ahora en la composición de piezas musicales) que sería muy difícil que perdieras el rumbo. No te faltarán nunca proyectos y planes futuros. Sin embargo, no está de más que te lo recuerde.

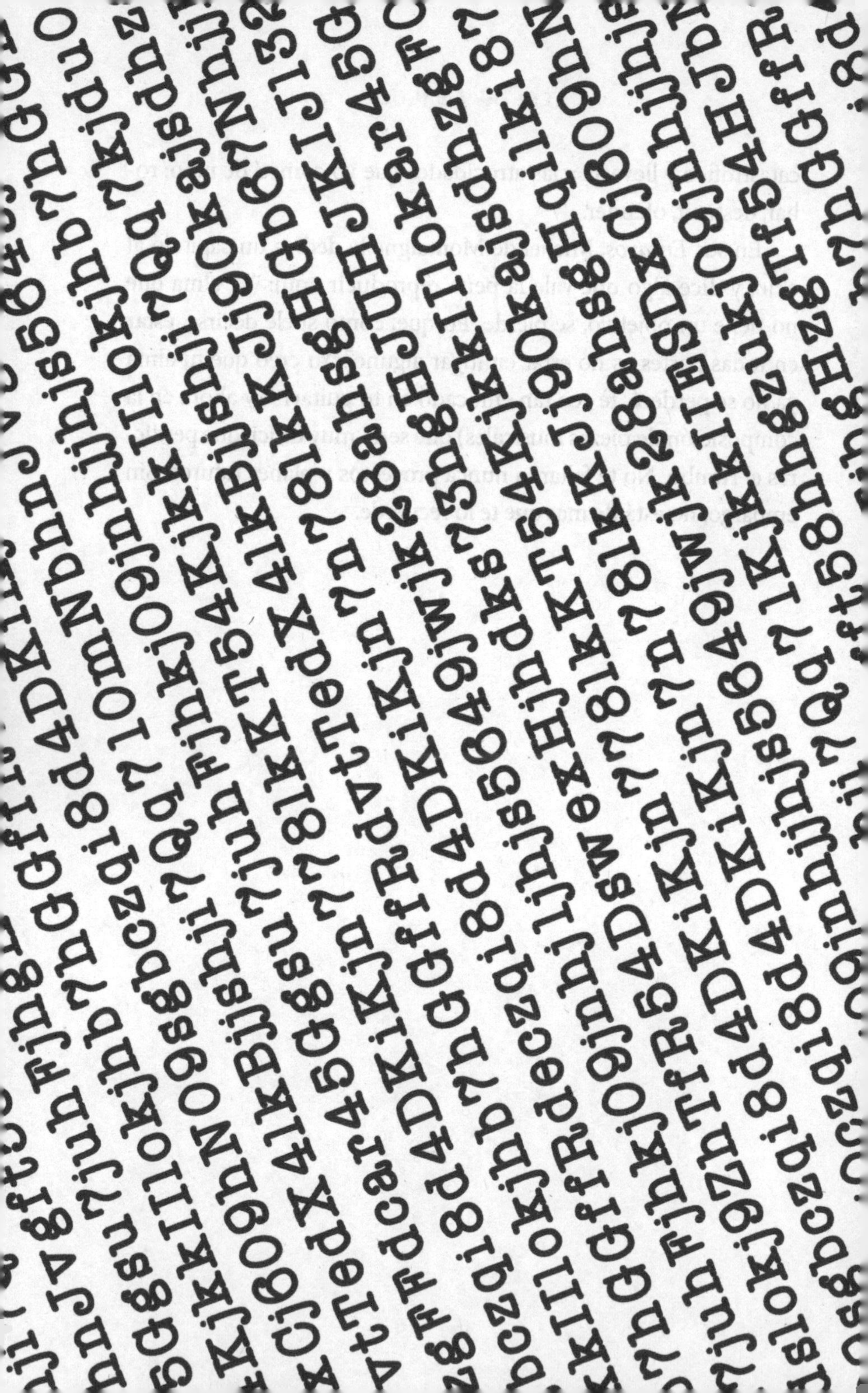

PELIGRO 27
El juego

Cuando volvimos de Nueva Zelanda, uno de los propósitos más grandes que teníamos era estar cerca de la familia. Habíamos vivido fuera por más de una década y queríamos convivir con los cercanos, los padres de tu mamá, mis padres, primos, amigos que habíamos dejado y de los cuales teníamos gratos recuerdos.

Además de las respectivas reuniones con nuestros padres y hermanos, organizamos una comida todos los jueves en casa de unos tíos que nos habían ayudado mucho de recién casados. Eran los encuentros perfectos que tendríamos cada semana para poder convivir con los mayores. Las comidas con tus abuelos, maternos y paternos, fueron desde un primer momento poco más que rimbombantes. No hubo exabruptos de ningún tipo, y siempre se nos consintió además con platillos deliciosos y se creó un ambiente agradable que invitaba a conversaciones que bien podrían alargarse hasta el anochecer.

La comida con los tíos (que pronto dejamos de tener, por cierto), siempre fue, en cambio, un tanto accidentada. Había una rara tensión entre ellos, y en ocasiones hasta se vociferaba de más, lo que ocasionaba ambientes enrarecidos. Además, como a la tía le incordiaba cocinar, siempre había ese problema de pensar en qué íbamos a comer que no le causara una soberana molestia. Cada semana nos hacía saber con el cuerpo que no le gustaba nada estar en la cocina toda la mañana para servirnos. Por eso, en algunas ocasiones optaba mejor por comprar los alimentos en una cocina económica y sólo llegar a lanzarlos sobre la mesa. Aun así, en su impaciencia, tampoco esa opción la convencía mucho. Empezó, entonces, a cancelar la comida algunos jueves y en ocasiones a posponerlas.

A la par de esta lamentable situación (los tíos fueron un gran soporte para nosotros, incluso económico), la tía empezó a recrudecer su afición por el juego. Desde que llegaron los casinos a Colima, muchas personas de su generación (jubilados o desocupados, en ocasiones ambas cosas) se hicieron asiduas a ellos y pronto empezamos a escuchar cómo su afición estaba cruzando fronteras peligrosas. De aquí y de allá nos venían noticias de conocidos y familiares obsesionados con el juego, y pronto nos enteramos de que la tía (más aún que el tío) no salía del casino en todo el día. Ahí desayunaba, ahí comía y ahí cenaba. En varias ocasiones llegué a encontrarme al tío subiendo las escaleras del centro comercial donde se alojaba el casino a la busca de la tía, quien volvía a casa en la madrugada.

A la tía, entonces, le empezó a faltar el dinero. Me di cuenta de ello porque hizo lo que nunca antes había hecho: pedirme apoyo para pagar el agua y los impuestos de su casa. Tu madre y yo concertamos una reunión para hablar seriamente con ella de lo que estábamos viendo, por el afecto tan profundo que le teníamos, pero ella lo negó todo. Como buena ludópata consumada, dijo que tenía todo bajo control, y que si veníamos a darle sermones mejor nos largáramos, al fin que no nos pedía dinero para jugar. Desde hace ya casi un año habíamos ya dejado de tener la comida tan esperada de los jueves. ¿Te puedes imaginar lo grande que puede ser la adicción al juego para preferirlo por encima de convivir con tus familiares más queridos?

Siendo tú aún niño, y un poco antes de que la guitarra se convirtiera en tu centro más importante de atracción, tuvimos varias conversaciones sobre el uso que tenías del celular, y en todas ellas reconociste que, en efecto, tenías una adicción que eras incapaz de dejar; por eso incluso me llegaste a proponer que te lo tirara a la basura definitivamente, mejor. No lo hice, pero sí llegamos a racionalizártelo. Ahora que te marchas y que no tendrás mi sombra rondándote para que te diga *Ya, Bruno, deja el celular*, o *Ya, Bruno, deja de jugar en la computadora*, deberás tener mucho cuidado de no persistir en este hábito perverso, que se mete en nuestra piel como la humedad y es difícil sacarlo. Mucho menos tientes los juegos de azar porque, como le ha pasado a la tía, no sólo te alejarán de lo más preciado que uno tiene (la familia), sino que aparte podrán dejarte en la ruina económica.

La pornografía

Es verdad que la pornografía es moneda corriente entre los jóvenes, pero como toda zona de peligro tiene fronteras bien delimitadas que nadie debería cruzar. Alguna vez, estando todavía tú en la secundaria, tu madre te sorprendió viendo un video pornográfico frente a la pantalla de tu computadora. Esa noche me contó el suceso muy conmovida y hasta consternada, dándome pormenores de cómo te espantaste al ser sorprendido. Pese a ello, no quise cometer ninguna imprudencia como reprenderte por uno de los sucedáneos más comunes del despertar sexual. Sobredimensionar los efectos negativos de la pornografía en esa etapa de la vida podría ser más contraproducente que benéfico.

Lo que sí hice fue lo que he intentado hacer siempre: estar atento a que aquella práctica no se te convirtiera en un mal hábito y en un momento propicio, durante la comida, te advertí que había que tener cuidado con el consumo de ese tipo de material. Lo mejor era no excederse. Recuerdo que sólo asentiste con la cabeza. Parecería que no hay diferencia entre hacer esto y no hacer nada, pues no deja de ser una forma de sentarse a esperar lo peor. Sin embargo, no es así. Si te hubiera amonestado, lo más seguro es que el efecto que habría producido sería empujarte a ver más pornografía, pero ahora con más cuidado de no ser descubierto. Una tontería. Lo mejor, entonces, era persistir en seguirte proveyendo de aquellos bienes que son tan fácilmente reemplazados por los males: amor, confianza, libertad, respeto, respaldo.

Ignoro si sigas viendo o no pornografía (desde aquel día no tenemos noticias de ello), pero si lo haces debes saber que está comprobado el daño que causa: cambia la composición del cerebro, genera adicción e impacta en tu vida emocional, sexual y sentimental. Un amigo cercano de la secundaria, el más serio de la clase, me confesó hace unos pocos años (ya adulto, en un restaurante de la ciudad) que era adicto a la pornografía y que empezó en ello a finales de la primaria. Cuando regresé en el tiempo a la época de la secundaria y lo vi en la butaca de atrás del salón con su rostro inocente y su actuar educado, jamás me lo habría imaginado. Era un enfermo, me dijo. No creía lo que estaba escuchando, aunque en ese momento recordé que un día lo encontré en la Terminal de Autobuses de Colima, y al preguntarle a dónde se dirigía me dijo que iba a Ciudad de México para buscar a una mujer con la que pretendía tener un encuentro sexual. La mujer, me dijo, no tenía senos (los había perdido a causa del cáncer) y eso le producía curiosidad. *He tenido que tomar terapia, me llegó a afectar en mi trabajo, mi vida matrimonial*, siguió.

Yo había visto una entrevista en la que Ted Bundy, uno de los asesinos seriales más despiadados de Estados Unidos, había alegado los efectos que había tenido la pornografía para convertirse en asesino serial, pero eso quedó en mi mente como en una nube de polvo o de vapor. Sin embargo, lo que escuchaba de mi cercano amigo me tenía pasmado. Un tipo tan reservado y de buenas maneras que escondía una historia dramática de adicción pornográfica me rompía todo tipo de paradigmas, sobre todo por un hecho más: sus padres eran las personas más conservadoras y educadas del mundo, su madre una santa y su padre un samaritano.

La pornografía existe, pues, y ahora más que nunca la tenemos a una mano de distancia, en todas partes, a cualquier hora. En mi época no fue así, a lo más que se llegaba era a las revistas que, con su sola presencia, escandalizaban los anaqueles de los puestos de periódicos. Una cosa sí puedo decirte: nada hay como lo real, que jamás podrá ser reemplazado por el simulacro fútil de lo ilusorio, por más fascinante que esto parezca. Por más hermoso que se vea el mar de agua azulísima como fondo de pantalla de nuestra computadora, no se compara con meter nuestros pies en sus aguas, una mañana de abril, a la luz tierna del alba.

PELIGRO 29
El delito

Yo tenía tu edad cuando el padre de mi mejor amigo de barrio fue encarcelado. Vivían enfrente de nuestra casa. Sucedió poco antes de que se mudaran de la ciudad, en uno de los momentos de mayor precariedad económica de sus vidas. El papá de mi amigo no tenía trabajo y ya el banco les había quitado el único coche que tenían, por una deuda que se les había vuelto inmanejable. Era el único patrimonio que les quedaba, y finalmente lo habían perdido. Como el papá de mi amigo tenía un familiar millonario, un reconocido empresario joyero de la ciudad, se le ocurrió que podía obtener de él lo que más necesitaban.

Cualquiera hubiera pensado que esta iniciativa tomaría la forma de un préstamo, pero no fue así. Al padre de mi amigo se le ocurrió una idea más original: robar una de sus joyerías. Según lo sabría años después (cuando ya trabajaba yo en el Ministerio Público), el padre de mi amigo planeó el robo con toda cautela y hasta se dio el tiempo de rondar por el lugar para averiguar la mejor forma de introducirse en el negocio sin ser apresado. En ese tiempo no eran muy usuales el sistema de cámaras de vigilancia ni siquiera de guardias privados, pero el padre de mi amigo nunca contó con que el hombre que vivía frente a la joyería hacía de velador y eso fue lo que ocasionó que el padre de mi amigo fuera detenido cuando apenas intentaba penetrar en el negocio a través de una abertura de la azotea. Se dice que el familiar millonario se sorprendió mucho al saber quién estaba detrás de esa intentona de robo, pero ignoro a la fecha si hubo entre el padre mi amigo y el familiar agraviado algún tipo de conversación.

La madre de mi amigo recibió el aviso cuando su padre todavía no era trasladado a la cárcel y, luego de darle la noticia a mi amigo, fueron a verlo a las oficinas del Ministerio Público, donde estaba detenido. Muchos años después mi amigo me contó que todavía conservaba intacta la imagen de su padre, sentado en una silla de madera, con un pantalón de pana raído, unos zapatos negros rotos de la punta y una camisa de polyester de manga corta color azul, toda embadurnada del polvo que sueltan los ladrillos. Permanecía con la cabeza hacia el suelo, las manos esposadas por la espalda y una expresión de rotundo fracaso. Si bien dudo mucho que el padre de mi amigo hubiera sido capaz de ir más allá de sólo llevarse lo que necesitaba para salir del atolladero, lo cierto es que para poder sacarlo de la cárcel la madre tuvo que pedir un préstamo. Y si esto se dio de esta forma fue porque el propio familiar millonario, influyente al fin, pidió que se le modificara la pena de tal modo que pudiera alcanzar fianza.

De esta manera, pues, y luego de los avatares que tuvo que pasar mi amigo y su madre para conseguir el dinero, pudieron pagar la fianza para que dejaran en libertad a su padre. La vida, desde ese momento, no sólo cambió para el padre de mi amigo, a quien ya le fue difícil encontrar un trabajo más o menos digno, sino para mi propio amigo y toda su familia. Mi amigo fue señalado por el resto de los amigos del barrio y de la escuela como el hijo de un delincuente, y no sabes el peso tan duro que tuvo esto durante muchos años de su vida. Con el tiempo mi amigo se convirtió en un reconocido contador, y desde entonces dice que no ha hecho sino trabajar para ir dándole a aquel momento ingrato un sentido más halagüeño. Desde entonces supe que hay algo que, después de la vida y la libertad, es el bien más importante que poseemos los seres humanos: la honorabilidad. Bien lo escribió Voltaire: "Poco se ha perdido cuando queda la honra".

Los cinco años que trabajé en el Ministerio Público persiguiendo delitos, muchos de los cuales eran privativos de la libertad de las personas que los cometían, fueron los más importantes para entender no sólo el valor de la libertad, sino el de la honra. Desde entonces he estado, como decía Cicerón, en "cautiverio de la ley", para evitar perder mi libertad y mi honra, pues no me gustaría que, aparte de padecer yo las consecuencias de este menoscabo, tú tuvieras que pagar también por los pecados cometidos por mis desvaríos, como le pasó a mi amigo.

PELIGRO 30
El derroche

Tuve un tío muy querido que logró amasar una riqueza bastante considerable. Llegó a ocupar un cargo de primer nivel en una empresa importante de gobierno y vivía en una de las casas que la propia empresa le proveía. Era una vivienda grande y lujosa, y mi tío era un hombre de gran sencillez y carisma. De entre todos los hermanos de mi padre, es a quien más quise y admiré, precisamente por estas cualidades.

Sin embargo, mi tío tenía un defecto que siempre consideré una bomba de tiempo: era un hombre dispendioso. Aunque Aristóteles le concede más crédito a un derrochador que a un tacaño, porque dice que el primero al menos le causa un bien a otros con su derroche, mientras que el segundo no beneficia ni a sí mismo, en mi tío el derroche era excesivo e incluso, en ciertos momentos, dejaba entrever un poco de presunción, con todo y que, como te digo, era un hombre sencillo y hasta magnánimo. Cada que venía a Colima, normalmente los fines de semana, orquestaba unas comilonas (es el término adecuado) de las que participaban no sólo sus hermanos con sus familias, sino también primos hermanos, primos segundos y amistades de todos ellos. Cada semana se mataban dos chivos, una vaca o dos borregos, se llenaban hieleras de cerveza, se servía vino y se contrataba a músicos que amenizaban la tarde. Lo pienso ahora y no dejo de caer en el asombro: era mucho dinero el que mi tío gastaba en aquellas fiestas descomunales en su rancho, el cual tenía una extensión de más de cien hectáreas.

Cuenta mi padre que en una ocasión que lo visitó en su casona, entrando a su habitación escuchó a su cuñada decirle a su hermano que, ni en muchas generaciones, se acabarían todo ese dinero que tenían. Esto lo decía mi tía mientras mi tío apilaba sobre la cama rollos y paquetes de billetes. No muchos años después, diez a lo mucho (lo sé, pues era el tiempo en que estaba ya trabajando en el Ministerio Público), llegó mi tío en un estado por demás miserable, a ver a su hermano más chico, que era Agente del Ministerio Público. No podía creer lo que estaba viendo. Mi tío tenía problemas de linderos entre su rancho y el vecino y las cosas no le estaban yendo del todo bien. Por alguna razón, luego de jubilarse de la pródiga empresa estatal sus negocios no prosperaron. Y si a eso se agregaba que tenía serios problemas matrimoniales con mi tía (de quien se divorciaría poco después), su situación se tornó desesperante. Ese día me enteré, por boca de mi propio tío, que de lo único que estaba sobreviviendo su hermano era de la venta de leña que cortaba de su rancho. ¿Y su jubilación? No era mucha, y le daba una parte a la tía. ¿Y sus casas? No quedaba nada de ellas. ¿Y sus negocios? Tampoco. ¿Nada? Nada, sólo ese rancho que ya no daba ni malditas piedras.

Poco tiempo después, los problemas del rancho devinieron en un conflicto tan delicado que terminó en un enfrentamiento a balazos entre mi tío y el hijo del propietario del rancho vecino, a quien finalmente mi tío asesinó. Todo esto, como sabes, lo cuento en mi novela *Conducir un tráiler*. Mi tío tuvo que huir de la ciudad y desde ese momento en adelante vivió como un cuatrero, a salto de mata. Conmigo siempre fue afectivo y yo lo quise mucho. Me llevó a varios viajes que hizo por el interior de la República y me trató como a un hijo más. Por ello me dolió mucho que le sucediera tal tragedia, pero no creo que nadie haya tenido la culpa más que él. Lo tuvo todo y todo lo perdió. Cuando lo tuvo, estuvo siempre rodeado de gente. Cuando ya no le quedó nada, yo lo vi con mis propios ojos, quedó tan solo que hasta dolía su indefensión. Desde entonces su vida ha sido un ejemplo para mí, y siempre que el despilfarro empieza a acecharme tal cual las hienas acechan a sus presas en el desierto en los tiempos de hambruna, vuelvo a ver el rostro de mi querido tío y me repito aquel famoso refrán que dice: "Más largo es el tiempo que la fortuna". Y entonces aprovecho para cambiar de rumbo.

Epílogo

Yo sé que una vez que uno sale de la casa paterna ya no regresa, al menos no en la forma en que había estado originalmente. Eso me lastima y me enorgullece a la vez. Me lastima, porque es el momento en el que uno tiene que aceptar que los hijos tienen una vida propia y que la pueden llevar, perfectamente, sin sus padres. Esto no puede ni debe ser de otra manera, pero duele. Y me enorgullece precisamente por lo mismo: porque sé que tienes una vida propia y la podrás vivir perfectamente sin nosotros, tal como yo lo hice y lo hizo tu madre sin nuestros padres. Serás responsable de tus actos, dueño de tu tiempo, único concesionario de tus decisiones y de tus pensamientos, y vendrás a nosotros cuando esa parte profunda que nos liga quiera reconfirmar que sigue latiendo para ti y que no estás solo, mientras a tu madre y a mí nos quede un hálito de vida.

No sé qué más consejos darte ahora que te he expresado (a través de ejemplos, experiencias e ideas, que incluso fueron mi propio espejo) todo cuanto puedes hacer para conservar intacta tu humanidad. El camino de la virtud es largo, y entre más lo recorre uno más se estrecha ante nuestra vista, pero de más está decirte a estas alturas que es el único que vale la pena recorrer. Ahora que te vas, descansarás de lo duro que ha sido para ti en estos dieciocho años sobrellevar la tediosa carga de mis amonestaciones, pero si fueron buenas y dejaron una impresión profunda en ti, las escucharás detrás de tu oreja como una música dulce y agradable.

Yo, a una edad un poco menor que la tuya, también me fui de casa. Empecé viviendo solo en una casita de techo de láminas de asbesto cercana al Instituto Universitario de Bellas Artes, donde estudiaste, y en aquella soledad los únicos que me sostuvieron fueron unos cuantos libros, en especial uno: *El mensaje de los grandes maestros a la juventud*, de Armando List Arzubide, hermano del reconocido poeta y revolucionario mexicano Germán List Arzubide.

Aunque no lo creas, todavía lo conservo ya roto de las pastas, y ahora mismo lo tengo entre mis manos. Es una compilación de textos dirigidos a los jóvenes y escritos por grandes autores de todos los tiempos: Azorín, André Maurois, Thomas Carlyle, Hesiodo, Bertrand Russell, Ermilo Abreu Gómez… Lo abro en cualquier página (como me gustaría que abrieras este mismo libro) y encuentro las frases que subrayaba, los asteriscos que colocaba en los márgenes de párrafos que me influían, los corchetes repintados en aquello que conseguía estremecerme.

Encuentro aquí, por ejemplo, a Henri-Frédéric Amiel, un autor que nunca imaginé que se convertiría con el tiempo en una de mis lecturas de cabecera. Su *Diario* es una joya de nuestra literatura universal. Fui entonces muy despistado en no retener su nombre, pese a que le puse un corchete remarcado a doble tinta a la siguiente frase: "Convertir las amarguras en bondad; la hiel del contacto con lo mezquino en mansedumbre; las ingratitudes en beneficios, los insultos en perdón, ¿no es acaso la alquimia de las almas superiores?"

Contrario a mí, tú no partes solo: llevas este libro. Como lo puedes sentir, cada una de sus palabras las escribí con la punta despostillada de mis huesos. Sobrevivirán no en la medida en que las leas, sino en la medida en que practiques su magisterio y te libren de los peligros que te acechen, que nunca faltan. Como estoy hecho de palabras, también son la mejor forma de decirte que te amo.

Printed in the USA
CPSIA information can be obtained
at www.ICGtesting.com
JSHW031124170923
48573JS00015B/413

9 781400 247363

Cuando eres adolescente, el mundo está lleno de aventuras, descubrimientos y miles de emociones a flor de piel. Y aunque uno cree saberlo todo, en realidad casi cada cosa que se nos presenta es nueva, y no todas son buenas. El mundo está lleno también de personas con todo tipo de intenciones y algunas de ellas podrían acabar contigo.

Rogelio Guedea, le dirige una serie de cartas a su hijo Bruno, quien está en una edad sumamente complicada y llena de incertidumbres. Por ejemplo, ¿qué puede conocer o descubrir acerca de las drogas, el cigarro y el alcohol. Y, claro también sobre el sexo, la falta de amor y la depresión. Porque a todos nos han asaltado esas dudas, ¿o no? Comprende que Bruno nació ya entrado el siglo XXI, y quiere ayudarlo a que su camino sea lo más iluminador y placentero posible, le compartirá su sabiduría como escritor y papá, pero sobre todo como amigo.

© Blanca Fonseca.

ROGELIO GUEDEA (México, 1974). Es autor de más de cincuenta libros en poesía, narrativa, ensayo y traducción.

Sus más recientes publicaciones son *Bisturí, O me voy o te vas/One of us must go, Poetas mexicanos del 30: una generación entre el cielo y la tierra* y *Tomando mi chaqueta para dar un paseo*. En 2016 ingresó al Sistema Nacional de Investigadores y en 2019 a la Academia Mexicana de la Lengua. Actualmente es profesor de literatura latinoamericana y traducción en la University of Canterbury (Nueva Zelanda).

GRUPO NELSON

JUVENIL NO FICCIÓN / Familia / General
JUVENILE NONFICTION / Family / General
USD $14.99
ISBN 978-1-4002-4736-3

51499